Akdeniz'in Lezzet Serüveni
Sofranızı Güneşle Doldurun

Leyla Gündüz

Dizin

5

Sebzeli paella

Hazırlama süresi: 25 dakika.

Yemek zamanı: 45 dakika

Yemekler: 6

Zorluk seviyesi: orta

Malzemeler:

- ¼ bardak zeytinyağı
- 1 büyük tatlı soğan
- 1 büyük kırmızı biber
- 1 büyük yeşil biber
- 3 diş sarımsak, ince doğranmış
- 1 çay kaşığı füme kırmızı biber
- 5 tutam safran
- 1 kabak, ½ inçlik küpler halinde kesilmiş
- 4 büyük olgun domates, soyulmuş, çekirdekleri çıkarılmış ve doğranmış
- 1½ bardak kısa taneli İspanyol pirinci
- 3 su bardağı ısıtılmış sebze suyu

Başlıklar:

Fırını önceden 350°F'ye ısıtın. Zeytinyağını orta ateşte ısıtın.

Soğanı, kırmızı ve yeşil biberi ekleyip 10 dakika pişirin.

Sarımsak, kırmızı biber, safran iplikleri, kabak ve domates ekleyin. Isıyı orta-düşük seviyeye düşürün ve 10 dakika pişirin.

Pirinç ve sebze suyunu ekleyin. Paellayı kaynatmak için ısıyı artırın. Isıyı orta-düşük seviyeye getirin ve 15 dakika pişirin. Tavayı alüminyum folyo ile sarın ve fırına koyun.

10 dakika veya çorba emilene kadar pişirin.

Besin değeri (100 g başına):288 kalori 10 gr yağ 46 gr karbonhidrat 3 gr protein 671 mg sodyum

Patlıcan ve pirinç güveç

Hazırlama süresi: 30 dakika.

Yemek zamanı: 35 dakika

Yemekler: 4

Zorluk seviyesi: zor

Malzemeler:

- <u>sosu için</u>
- ½ su bardağı zeytinyağı
- 1 küçük soğan, doğranmış
- 4 diş sarımsak, ezilmiş
- 6 adet olgun domates, soyulmuş ve dilimlenmiş
- 2 yemek kaşığı domates salçası
- 1 çay kaşığı kurutulmuş kekik
- ¼ çay kaşığı öğütülmüş hindistan cevizi
- ¼ çay kaşığı öğütülmüş kimyon
- <u>Güveç için</u>
- 4 Japon patlıcanı (6 inç), uzunlamasına ikiye bölünmüş
- 2 yemek kaşığı zeytinyağı
- 1 su bardağı pişmiş pirinç
- 2 yemek kaşığı kavrulmuş çam fıstığı
- 1 bardak su

Başlıklar:

Sosu hazırlamak için

Zeytinyağını kalın tabanlı bir tavada orta ateşte ısıtın. Soğanı ekleyip 5 dakika pişirin. Sarımsak, domates, salça, kekik, hindistan cevizi ve kimyonu ekleyin. Kaynatın, ardından ısıyı azaltın ve 10 dakika pişmeye bırakın. Kaldırın ve rezerve edin.

Güveç hazırlamak için

Izgarayı önceden ısıtın. Sos kaynarken patlıcanları zeytinyağıyla yağlayıp fırın tepsisine dizin. Altın kahverengi olana kadar yaklaşık 5 dakika kızartın. Çıkarın ve soğumaya bırakın. Fırını önceden 375° F'ye ısıtın. Soğutulmuş patlıcanı kesilmiş tarafı yukarı bakacak şekilde 9 x 13 inçlik bir pişirme kabına yerleştirin. Doldurmaya yer açmak için etin bir kısmını yavaşça dışarı çekin.

Domates sosunun yarısını, pişmiş pirinci ve çam fıstıklarını bir kapta karıştırın. Her patlıcanın yarısını pirinç karışımıyla doldurun. Aynı kapta kalan domates sosunu ve suyu karıştırın. Patlıcanın üzerine dökün. Patlıcanlar yumuşayana kadar kapağını kapatıp 20 dakika pişirin.

Besin değeri (100 g başına):453 kalori 39 gr yağ 29 gr karbonhidrat 7 gr protein 820 mg sodyum

Bol sebzeli kuskus

Hazırlama süresi: 15 dakika.

Yemek zamanı: 45 dakika

Yemekler: 8

Zorluk seviyesi: zor

Malzemeler:

- ¼ bardak zeytinyağı
- 1 doğranmış soğan
- 4 diş sarımsak, doğranmış
- 2 adet jalapeno biber, çatalla çeşitli yerleri delinmiş
- ½ çay kaşığı öğütülmüş kimyon
- ½ çay kaşığı öğütülmüş kişniş
- 1 kutu (28 ons) ezilmiş domates
- 2 yemek kaşığı domates salçası
- 1/8 çay kaşığı tuz
- 2 adet defne yaprağı
- 11 bardak su, bölünmüş
- 4 havuç
- 2 kabak, 2 inçlik parçalar halinde kesilmiş
- 1 meşe palamudu kabak, ikiye bölünmüş, çekirdekleri çıkarılmış ve 1 cm kalınlığında dilimler halinde kesilmiş
- 1 kutu (15 ons) nohut, süzülmüş ve yıkanmış
- ¼ bardak doğranmış konserve limon (isteğe bağlı)

- 3 bardak kuskus

Başlıklar:

Zeytinyağını kalın dipli bir tencerede ısıtın. Soğanı ekleyip 4 dakika pişirin. Sarımsak, jalapenos, kimyon ve kişniş ekleyin. 1 dakika pişirin. Domates, salça, tuz, defne yaprağı ve 8 bardak suyu ekleyin. Karışımı kaynatın.

Havuç, kabak ve meşe palamudu kabaklarını ekleyip tekrar kaynatın. Isıyı biraz azaltın, üzerini örtün ve sebzeler yumuşak ama yumuşak olmayana kadar yaklaşık 20 dakika pişirin. Pişirme sıvısından 2 bardak alın ve bir kenara koyun. Gerekirse baharatlayın.

Nohut ve korunmuş limonları ekleyin (kullanılıyorsa). Birkaç dakika pişirin ve ateşi kapatın.

Kalan 3 bardak suyu orta boy bir tencerede yüksek ateşte kaynatın. Kuskus ekleyin, kapağını kapatın ve ateşi kapatın. Kuskusu 10 dakika dinlendirin. 1 bardak ayrılmış pişirme sıvısını gezdirin. Kuskusu çatalla düzleştirin.

Geniş bir tabağa yerleştirin. Kalan pişirme sıvısıyla kaplayın. Sebzeleri tencereden alıp üzerine yerleştirin. Kalan güveci ayrı bir kapta servis edin.

Besin değeri (100 g başına):415 kalori 7 gr yağ 75 gr karbonhidrat 9 gr protein 718 mg sodyum

Kuşari

Hazırlama süresi: 25 dakika.

Yemek zamanı: 1 saat 20 dakika

Yemekler: 8

Zorluk seviyesi: zor

Malzemeler:

- sosu için
- 2 yemek kaşığı zeytinyağı
- 2 diş sarımsak, doğranmış
- 1 kutu (16 ons) domates sosu
- ¼ bardak beyaz sirke
- ¼ fincan Harissa veya mağazadan satın alınan
- 1/8 çay kaşığı tuz
- pirinç için
- 1 bardak zeytinyağı
- 2 soğan, ince dilimlenmiş
- 2 su bardağı kurutulmuş kahverengi mercimek
- 4 litre artı ½ bardak su, bölünmüş
- 2 su bardağı kısa taneli pirinç
- 1 çay kaşığı tuz
- 1 kiloluk kısa makarna
- 1 kutu (15 ons) nohut, süzülmüş ve yıkanmış

Başlıklar:

Sosu hazırlamak için

Zeytinyağını bir tavada kaynatın. Sarımsakları kızartın. Domates sosu, sirke, harissa ve tuzu ekleyin. Sosu kaynamaya bırakın. Isıyı en aza indirin ve 20 dakika veya sos kalınlaşana kadar pişirin. Kaldırın ve rezerve edin.

Pirinç hazırlamak için

Kağıt havlularla bir tabak hazırlayın ve bir kenara koyun. Zeytinyağını büyük bir tavada orta ateşte ısıtın. Sık sık karıştırarak soğanı gevrek ve altın rengi oluncaya kadar kızartın. Soğanı hazırlanan tabağa aktarın ve bir kenara koyun. 2 yemek kaşığı yemeklik yağdan tasarruf edin. Bir tava rezerve edin.

Mercimeği ve 4 bardak suyu bir tencerede yüksek ateşte birleştirin. Kaynatın ve 20 dakika pişirin. Süzün ve ayrılmış 2 yemek kaşığı yemeklik yağ ile karıştırın. Kenara koymak. Tencereyi rezerve edin.

Soğanları sotelediğiniz tavayı orta-yüksek ateşe alıp pirinci, 4½ su bardağı suyu ve tuzu ekleyin. Kaynatalım. Isıyı azaltın ve 20 dakika pişirin. Kapatın ve 10 dakika bekletin. Geriye kalan 8 su bardağı tuzlu suyu, mercimekleri pişirdiğiniz tencerede yüksek ateşte kaynatın. Makarnayı ekleyin ve 6 dakika veya paketin üzerindeki talimatlara göre pişirin. Drenaj yapın ve bir kenara koyun.

Montajlama

Servis tabağına pilavı dökün. Üzerine mercimek, nohut ve makarnayı yerleştirin. Üzerine baharatlı domates sosunu dökün ve üzerine çıtır kızarmış soğan serpin.

Besin değeri (100 g başına):668 kalori 13 gr yağ 113 gr karbonhidrat 18 gr protein 481 mg sodyum

Domates ve nohutlu bulgur

Hazırlama süresi: 10 dakika.

Yemek zamanı: 35 dakika

Yemekler: 6

Zorluk seviyesi: orta

Malzemeler:

- ½ su bardağı zeytinyağı
- 1 doğranmış soğan
- 6 adet doğranmış domates veya 1 adet (16 ons) küp doğranmış domates
- 2 yemek kaşığı domates salçası
- 2 bardak su
- 1 yemek kaşığı Harissa veya mağazadan satın alınan
- 1/8 çay kaşığı tuz
- 2 su bardağı kalın bulgur
- 1 kutu (15 ons) nohut, süzülmüş ve yıkanmış

Başlıklar:

Zeytinyağını kalın dipli bir tencerede orta ateşte ısıtın. Soğanı kızartın, ardından domatesleri suyuyla birlikte ekleyip 5 dakika pişirin.

Domates salçası, su, harissa ve tuzu ekleyin. Kaynatalım.

Bulguru ve nohutu ekleyin. Karışımı tekrar kaynatın. Isıyı en aza indirin ve 15 dakika pişirin. Servis yapmadan önce 15 dakika dinlendirin.

Besin değeri (100 g başına):413 kalori 19 gr yağ 55 gr karbonhidrat 14 gr protein 728 mg sodyum

Uskumru Uskumru

Hazırlama süresi: 10 dakika.

Yemek zamanı: 15 dakika

Yemekler: 4

Zorluk seviyesi: Kolay

Malzemeler:

- 12oz Makarna
- 1 diş sarımsak
- 14 ons domates sosu
- 1 dal kıyılmış maydanoz
- 2 adet taze biber
- 1 çay kaşığı tuz
- 200 gr yağda uskumru
- 3 yemek kaşığı sızma zeytinyağı

Başlıklar:

Bir tencerede suyu kaynatarak başlayın. Su ısınırken bir tava alın, biraz yağ ve biraz sarımsak dökün ve kısık ateşte pişirin. Sarımsak piştikten sonra tavadan çıkarın.

Biberleri ikiye bölün, iç çekirdeklerini çıkarın ve ince şeritler halinde kesin.

Daha önce olduğu gibi aynı tavaya pişirme suyunu ve biberi ekleyin. Daha sonra uskumruyu alın ve yağını süzüp çatalla ayırdıktan sonra diğer malzemelerle birlikte tavaya koyun. Biraz pişirme suyuyla hafifçe kızartın.

Tüm malzemeler iyice karışınca domates püresini tavaya ekleyin. Tüm malzemeleri birleştirmek için iyice karıştırın ve kısık ateşte yaklaşık 3 dakika pişirin.

Gelelim makarnaya:

Su kaynamaya başlayınca tuzu ve makarnayı ekleyin. Makaronlar hafif al dente olunca süzüp hazırlanan sosa ekleyin.

Sosu birkaç dakika kaynatın ve tuz ve karabiberle tatlandırın.

Besin değeri (100 g başına):510 kalori 15,4 gr yağ 70 gr karbonhidrat 22,9 gr protein 730 mg sodyum

Kiraz domatesli ve hamsili makarna

Hazırlama süresi: 10 dakika.

Yemek zamanı: 15 dakika

Yemekler: 4

Zorluk seviyesi: Kolay

Malzemeler:

- 14 oz. Makarna Makarna
- 6 adet tuzlu hamsi
- 4 ons kiraz domates
- 1 diş sarımsak
- 3 yemek kaşığı sızma zeytinyağı
- Tatmak için taze biber
- 3 fesleğen yaprağı
- Tatmak için tuz

Başlıklar:

Bir tencerede suyu ısıtmaya başlayın ve kaynadıkça tuz ekleyin. Bu arada sosu hazırlayın: Yıkanmış domatesleri alıp 4 parçaya bölün.

Şimdi yapışmaz bir tava alın, üzerine biraz yağ püskürtün ve bir diş sarımsak ekleyin. Piştiğinde tavadan çıkarın. Temizlenmiş hamsileri tavaya ekleyin ve yağda eritin.

Hamsiler iyice eriyince dilimlenmiş domatesleri ekleyin ve yumuşamaya başlayacak şekilde ısıyı arttırın (çok yumuşamamaya dikkat edin).

Çekirdeksiz biberi ekleyin, küçük parçalar halinde kesin ve baharatlayın.

Makarnayı kaynayan suya atın, al dente suyunu süzün ve birkaç dakika pişmeye bırakın.

Besin değeri (100 g başına):476 kalori 11 gr yağ 81,4 gr karbonhidrat 12,9 gr protein 763 mg sodyum

Limonlu ve karidesli risotto

Hazırlama süresi: 10 dakika.

Yemek zamanı: 30 dakika

Yemekler: 4

Zorluk seviyesi: Kolay

Malzemeler:

- 1 limon
- 14 ons kabuklu karides
- 1 ¾ bardak risotto pirinci
- 1 beyaz soğan
- 33 yatak odası oz (1 litre) sebze suyu (daha azı da iyidir)
- 2 ½ yemek kaşığı tereyağı
- ½ bardak beyaz şarap
- Tatmak için tuz
- Tatmak için karabiber
- Tatmak için frenk soğanı

Başlıklar:

Karidesleri tuzlu suda 3-4 dakika haşlayıp süzün ve bir kenara koyun.

Soğanı soyup ince ince doğrayın, eritilmiş tereyağında kızartın ve tereyağı kuruyunca pirinci bir tavada birkaç dakika kızartın.

Pirinci yarım bardak beyaz şarapla yağdan arındırın, ardından 1 limonun suyunu ekleyin. Gerekirse bir kaşık sebze suyu ekleyerek pirinçleri karıştırıp pişirin.

İyice karıştırın ve pişirmenin bitimine birkaç dakika kala önceden pişirilmiş karidesleri (bir kısmını dekorasyon için ayırın) ve biraz karabiberi ekleyin.

Alev sönünce bir parça tereyağı ekleyip karıştırın. Risotto servise hazır. Kalan karidesleri süsleyin ve üzerine frenk soğanı serpin.

Besin değeri (100 g başına):510 kalori 10 gr yağ 82,4 gr karbonhidrat 20,6 gr protein 875 mg sodyum

İstiridyeli spagetti

Hazırlama süresi: 10 dakika.

Yemek zamanı: 40 dakika

Yemekler: 4

Zorluk seviyesi: Kolay

Malzemeler:

- 11,5 oz. Spagetti
- 2 kilo istiridye
- Bu yemeğin kırmızı versiyonu için 7 oz. domates sosu veya salça
- 2 diş sarımsak
- 4 yemek kaşığı sızma zeytinyağı
- 1 bardak sek beyaz şarap
- 1 yemek kaşığı ince kıyılmış maydanoz
- 1 kırmızı biber

Başlıklar:

İstiridyeleri yıkayarak başlayın: asla istiridyelerin "kanını akıtmayın"; Sadece ısı ile açılmalıdır, aksi takdirde değerli iç sıvıları kumla birlikte kaybolur. İstiridyeleri bir salata kasesine yerleştirilmiş bir kevgir kullanarak hızlıca yıkayın: bu, kabuklardaki kumun filtrelenmesini sağlayacaktır.

Daha sonra suyu süzülen midyeleri hemen yüksek ateşte kapalı bir tavaya koyun. Ara sıra çevirin ve neredeyse tamamı açıldığında ocaktan alın. Kapalı kalan kabuklar ölüdür ve çıkarılmaları gerekir. Plakaları süslemek için birkaç bütün bırakarak açık yumuşakçaları çıkarın. Kabın dibinde kalan sıvı süzülerek bir kenara bırakılır.

Büyük bir tava alın ve içine biraz yağ dökün. Bir bütün biberi ve bir veya iki diş ezilmiş sarımsağı çok kısık ateşte, karanfiller altın rengine dönene kadar ısıtın. Midyeleri ekleyin ve sek beyaz şarapla tatlandırın.

Şimdi önceden süzülmüş deniz tarağı sıvısını ve biraz ince kıyılmış maydanozu ekleyin.

Al dente spagettiyi bol tuzlu suda pişirdikten sonra süzün ve hemen tavaya ekleyin. Spagetti istiridyelerdeki tüm sıvıyı emene kadar iyice karıştırın. Acı biber kullanmadıysanız üzerine hafif bir tutam beyaz veya karabiber serpin.

Besin değeri (100 g başına):167 kalori 8 gr yağ 8,63 gr karbonhidrat 5 gr protein 720 mg sodyum

Yunan balık çorbası

Hazırlama süresi: 10 dakika.

Yemek zamanı: 60 dakika

Yemekler: 4

Zorluk seviyesi: Kolay

Malzemeler:

- Hake veya diğer beyaz balıklar
- 4 patates
- 4 frenk soğanı
- 2 havuç
- 2 sap kereviz
- 2 domates
- 4 yemek kaşığı sızma zeytinyağı
- 2 yumurta
- 1 limon
- 1 bardak pirinç
- Tatmak için tuz

Başlıklar:

Ağırlığı 2,2 pound'u geçmeyen bir balık seçin, pullarını, solungaçlarını ve bağırsaklarını çıkarın ve iyice yıkayın. Tuz ve rezerve edin.

Patatesleri, havuçları ve soğanları yıkayıp bütün olarak bir tencereye koyup, yeterince su ile ıslatın, ardından kaynatın.

Pişerken dağılmasın diye salkım halinde bağlı olan kerevizleri de ekleyip, domatesleri dörde bölüp yağ ve tuzla birlikte ekleyin.

Sebzeler neredeyse pişince su ve balığı ekleyin. 20 dakika pişirin ve sebzelerle birlikte çorbadan çıkarın.

Balıkları servis tabağına alın, sebzelerle süsleyin ve çorbayı süzün. Çorbayı tekrar ateşe koyun ve biraz suyla seyreltin. Kaynayınca pirinç ve tuzu ekleyin. Pirinç pişince tavayı ocaktan alın.

Avgolemono sosunu hazırlayın:

Yumurtaları iyice çırpın ve yavaş yavaş limon suyunu ekleyin. Bir kepçeye biraz et suyu koyun ve sürekli karıştırarak yavaş yavaş yumurtaların üzerine dökün.

Sonunda elde edilen sosu çorbaya ekleyin ve iyice karıştırın.

Besin değeri (100 g başına):263 kalori 17,1 gr yağ 18,6 gr karbonhidrat 9 gr protein 823 mg sodyum

Karidesli Venüs Pilavı

Hazırlama süresi: 10 dakika.

Yemek zamanı: 55 dakika

Yemekler: 3

Zorluk seviyesi: Kolay

Malzemeler:

- 1 ½ su bardağı Venüs siyah pirinci (tercihen önceden pişirilmiş)
- 5 çay kaşığı sızma zeytinyağı
- 10,5 ons karides
- 10,5 ons kabak
- 1 limon (meyve suyu ve kabuğu)
- Tatmak için sofra tuzu
- Tatmak için karabiber
- 1 diş sarımsak
- Tatmak için Tabasco

Başlıklar:

Pirinçle başlayalım:

Tencereyi bol suyla doldurup kaynattıktan sonra pirinci dökün, tuz ekleyin ve gerektiği kadar pişirin (paketin üzerindeki pişirme talimatına bakın).

Bu arada kabakları iri delikli bir rendeyle rendeleyin. Zeytinyağını soyulmuş diş sarımsakla birlikte bir tavada ısıtın, rendelenmiş kabak, tuz ve karabiberi ekleyip 5 dakika pişirin, sarımsak dişini çıkarın ve sebzeleri saklayın.

Şimdi karidesleri temizleyin:

Kabuğu çıkarın, kuyruğu kesin, uzunlamasına ikiye bölün ve bağırsağı (arkadaki koyu iplik) çıkarın. Temizlenmiş karidesleri bir kaseye koyun ve zeytinyağıyla baharatlayın; İstenirse limon kabuğu rendesi, tuz ve karabiber ve birkaç damla tabasco ekleyerek ekstra lezzet katın.

Karidesleri sıcak bir tavada birkaç dakika ısıtın. Pişirildiğinde bir kenara koyun.

Venüs pirinci hazır olunca bir kaseye süzün, kabaklı karışımı ekleyip karıştırın.

Besin değeri (100 g başına):293 kalori 5 gr yağ 52 gr karbonhidrat 10 gr protein 655 mg sodyum

Somon ve votkalı pennette

Hazırlama süresi: 10 dakika.

Yemek zamanı: 18 dakika

Yemekler: 4

Zorluk seviyesi: Kolay

Malzemeler:

- 14oz Pennette Rigate
- 200 gr füme somon
- 1,2 ons arpacık soğanı
- 1,35 fl. veya (40 ml) votka
- 5 ons kiraz domates
- 7 oz taze ağır krema (Daha hafif bir yemek için bitki bazlı olanı öneririm)
- Tatmak için frenk soğanı
- 3 yemek kaşığı sızma zeytinyağı
- Tatmak için tuz
- Tatmak için karabiber
- Tatmak için fesleğen (dekorasyon için)

Başlıklar:

Domatesleri ve frenk soğanını yıkayıp doğrayın. Arpacık soğanı soyduktan sonra bıçakla doğrayın, bir tavaya koyun ve sızma zeytinyağında birkaç dakika marine edin.

Bu arada somonu şeritler halinde kesip, yağ ve arpacık soğanla birlikte kızartın.

Her şeyi votka ile karıştırın, dikkatli olun çünkü alev alabilir (alev yükselirse endişelenmeyin, alkol tamamen buharlaştığı anda sönecektir). Dilimlenmiş domatesleri ekleyin ve istenirse bir tutam tuz ve biraz biber ekleyin. Sonunda kremayı ve doğranmış frenk soğanı ekleyin.

Sos pişerken makarnayı hazırlayın. Su kaynayınca pennetleri dökün ve al dente oluncaya kadar pişmeye bırakın.

Makarnayı süzün ve pennetleri sosun içine dökün ve tüm lezzeti emmesi için birkaç dakika pişmesine izin verin. İstenirse fesleğen yaprağıyla süslenebilir.

Besin değeri (100 g başına):620 kalori 21,9 gr yağ 81,7 gr karbonhidrat 24 gr protein 326 mg sodyum

Deniz ürünleri karbonarası

Hazırlama süresi: 15 dakika.

Yemek zamanı: 50 dakika

Yemekler: 3

Zorluk seviyesi: Kolay

Malzemeler:

- 11,5 oz. Spagetti
- 3,5 ons ton balığı
- 3,5 ons kılıçbalığı
- 3,5 ons somon
- 6 yumurta sarısı
- 4 yemek kaşığı Parmesan peyniri (Parmigiano Reggiano)
- 2 yatak odası veya (60 ml) beyaz şarap
- 1 diş sarımsak
- Tatmak için sızma zeytinyağı
- Tatmak için sofra tuzu
- Tatmak için karabiber

Başlıklar:

Bir tencerede suyu kaynatın ve biraz tuz ekleyin.

Bu arada bir kaseye 6 yumurta sarısını dökün ve üzerine rendelenmiş Parmesan, karabiber ve tuzu ekleyin. Çırpma teli ile çırpın ve tencereden bir miktar su ile seyreltin.

Somonun kemiklerini, kılıçbalığının pullarını çıkarın ve ton balığı, somon ve kılıçbalığını dilimleme işlemine devam edin.

Kaynayınca makarnayı ekleyip hafif al dente pişirin.

Bu arada geniş bir tavada biraz yağı ısıtın, soyulmuş bir diş sarımsağın tamamını ekleyin. Yağ ısınınca balık küplerini ekleyip yüksek ateşte 1 dakika kadar kızartın. Sarımsakları çıkarın ve beyaz şarabı ekleyin.

Alkol buharlaştığında balık küplerini çıkarın ve ısıyı azaltın. Spagetti hazır olur olmaz tavaya ekleyin ve sürekli karıştırarak yaklaşık bir dakika kadar kızartın, gerekirse pişirme suyunu ekleyin.

Yumurta sarısı karışımını ve balık küplerini ekleyin. İyice karıştırın. Katılmak.

Besin değeri (100 g başına):375 kalori 17 gr yağ 41,40 gr karbonhidrat 14 gr protein 755 mg sodyum

Kabak ve karides pestolu Garganelli

Hazırlama süresi: 10 dakika.

Yemek zamanı: 30 dakika

Yemekler: 4

Zorluk seviyesi: orta

Malzemeler:

- 14 ons yumurta bazlı garganelli
- Kabak pestosu için:
- 7 oz. kabak
- 1 su bardağı çam fıstığı
- 8 yemek kaşığı (0,35 ons) fesleğen
- 1 çay kaşığı sofra tuzu
- 9 yemek kaşığı sızma zeytinyağı
- 2 yemek kaşığı Parmesan peynirini rendeleyin
- Rendelemek için 1 oz pecorina
- Kızartılmış karides için:
- 8,8 ons karides
- 1 diş sarımsak
- 7 çay kaşığı sızma zeytinyağı
- Bir tutam tuz

Başlıklar:

Pesto yaparak başlayın:

Kabağı yıkadıktan sonra rendeleyin, bir kevgir içine koyun (böylece fazla sıvıyı kaybederler) ve hafifçe tuzlayın. Çam fıstıklarını, kabakları ve fesleğen yapraklarını blendera koyun. Rendelenmiş parmesan, pecorino ve sızma zeytinyağını ekleyin.

Her şeyi krema kıvamına gelinceye kadar karıştırın, bir tutam tuz ekleyin ve bir kenara koyun.

Karidese geç:

Öncelikle karidesin arka kısmını bıçakla tüm uzunluğu boyunca kesip bıçağın ucunu kullanarak içindeki siyah ipliği çıkararak bağırsağı çıkarıyoruz.

Bir diş sarımsağı yapışmaz tavada sızma zeytinyağıyla pişirin. Altın rengi olduğunda sarımsakları çıkarın ve karidesleri ekleyin. Dışı gevrek bir kabuk oluşana kadar yaklaşık 5 dakika orta ateşte kızartın.

Daha sonra bir tencerede tuzlu suyu kaynatıp garganellayı pişirin. Pişirme suyundan birkaç yemek kaşığı bir kenara ayırın ve al dente makarnayı süzün.

Karidesleri pişirdiğiniz tavaya garganellayı yerleştirin. Birlikte bir dakika kadar pişirin, bir kaşık dolusu pişirme suyunu ekleyin ve son olarak kabak pestosunu ekleyin.

Makarnanın sosla birleşmesi için her şeyi iyice karıştırın.

Besin değeri (100 g başına):776 kalori 46 gr yağ 68 gr karbonhidrat 22,5 gr protein 835 mg sodyum

Somonlu risotto

Hazırlama süresi: 10 dakika.

Yemek zamanı: 30 dakika

Yemekler: 4

Zorluk seviyesi: orta

Malzemeler:

- 1 ¾ su bardağı (12,3 oz) pirinç
- 8,8 ons somon filetosu
- 1 teğmen
- Tatmak için sızma zeytinyağı
- 1 diş sarımsak
- ½ bardak beyaz şarap
- 3 ½ yemek kaşığı rendelenmiş Grana Padano
- tatmak için tuz
- Tatmak için karabiber
- 17 yatak odası veya (500 ml) balık çorbası
- 1 bardak tereyağı

Başlıklar:

Somonu temizleyip küçük parçalara bölerek başlayın. 1 yemek kaşığı yağı bir diş sarımsağı bir tavada kaynatıp somonu 2/3 dakika kızartın, tuzlayın ve somonu bekletin, sarımsakları çıkarın.

Şimdi risottoyu hazırlamaya başlayın:

Pırasayı çok küçük parçalara bölüp bir tavada iki yemek kaşığı yağ ile kısık ateşte soteleyin. Pirinci ekleyin ve tahta kaşıkla karıştırarak orta ateşte birkaç saniye pişirin.

Beyaz şarabı dökün ve pirincin tavaya yapışmamasına dikkat ederek ara sıra karıştırarak pişirmeye devam edin ve yavaş yavaş et suyunu (sebze veya balık) ekleyin.

Pişirmenin yarısında somonu, tereyağını ve gerekirse bir tutam tuzu ekleyin. Pirinç iyice pişince ocaktan alın. Birkaç yemek kaşığı rendelenmiş Grana Padana ile karıştırıp servis yapın.

Besin değeri (100 g başına):521 kalori 13 gr yağ 82 gr karbonhidrat 19 gr protein 839 mg sodyum

Kiraz domatesli ve hamsili makarna

Hazırlama süresi: 15 dakika.

Yemek zamanı: 35 dakika

Yemekler: 4

Zorluk seviyesi: Kolay

Malzemeler:

- 10,5 oz. Spagetti
- 1,3 kilo kiraz domates
- 9 oz hamsi (önceden temizlenmiş)
- 2 yemek kaşığı kapari
- 1 diş sarımsak
- 1 küçük kırmızı soğan
- Tatmak için maydanoz
- Tatmak için sızma zeytinyağı
- Tatmak için sofra tuzu
- Tatmak için karabiber
- Tatmak için siyah zeytin

Başlıklar:

Sarımsak dişini ince dilimler halinde kesin.

Kiraz domatesleri 2'ye bölün. Soğanı soyun ve ince dilimler halinde kesin.

Sarımsak ve dilimlenmiş soğanla birlikte bir tavaya biraz yağ koyun. Her şeyi orta ateşte 5 dakika boyunca birlikte ısıtın; ara sıra karıştır.

Her şey iyice baharatlandığında kiraz domatesleri ve bir tutam tuz ve karabiberi ekleyin. 15 dakika pişirin. Bu arada bir tencereye suyu ateşe koyun ve kaynayınca tuz ve makarnayı ekleyin.

Sos neredeyse hazır olduğunda hamsileri ekleyin ve birkaç dakika pişirin. Yavaşça karıştırın.

Ateşi kapatıp maydanozu doğrayıp tavaya koyun.

Makarnayı haşladıktan sonra süzün ve doğrudan sosa ekleyin. Birkaç saniyeliğine ısıyı tekrar açın.

Besin değeri (100 g başına):446 kalori 10 gr yağ 66,1 gr karbonhidrat 22,8 gr protein 934 mg sodyum

Brokoli ve Sosisli Orecchiette

Hazırlama süresi: 10 dakika.

Yemek zamanı: 32 dakika

Yemekler: 4

Zorluk seviyesi: orta

Malzemeler:

- 11,5 oz orecchiette
- 10.5 Brokoli
- 10,5 ons sosis
- 1,35 fl. veya (40 ml) beyaz şarap
- 1 diş sarımsak
- 2 dal kekik
- 7 çay kaşığı sızma zeytinyağı
- Tatmak için karabiber
- Tatmak için sofra tuzu

Başlıklar:

Su ve tuz dolu bir tencereyi kaynatın. Brokoli çiçeklerini sapından çıkarın ve ikiye veya çok büyüklerse 4 parçaya bölün; daha sonra kaynar suya atıp tencerenin kapağını kapatın ve 6-7 dakika pişirin.

Bu arada kekiği ince ince doğrayıp bir kenara koyun. Kabı sosisten çıkarın ve bir çatalla hafifçe ezin.

Bir diş sarımsağı az zeytinyağında kavurup salçayı ekleyin. Birkaç saniye sonra kekiği ve biraz beyaz şarabı ekleyin.

Pişen brokolileri haşlama suyunu atmadan oluklu kaşık yardımıyla kepçeyle alıp azar azar ete ekleyin. Her şeyi 3-4 dakika pişirin. Sarımsakları çıkarın ve bir tutam karabiber ekleyin.

Brokolileri pişirdiğiniz suyu kaynatın, ardından makarnayı ekleyip pişmeye bırakın. Makarna pişince delikli bir kaşıkla suyunu süzüp doğrudan brokoli ve sosis sosuna aktarın. Daha sonra iyice karıştırın, karabiber ekleyin ve her şeyi bir tavada birkaç dakika pişirin.

Besin değeri (100 g başına):683 kalori 36 gr yağ 69,6 gr karbonhidrat 20 gr protein 733 mg sodyum

Radicchio ve füme pastırma ile risotto

Hazırlama süresi: 10 dakika.

Yemek zamanı: 30 dakika

Yemekler: 3

Zorluk seviyesi: orta

Malzemeler:

- 1 ½ su bardağı pirinç
- 14 oz radikchio
- 5,3 ons füme pastırma
- 34 yatak odası veya (1 l) sebze çorbası
- 3,4 fl. veya (100 ml) kırmızı şarap
- 7 çay kaşığı sızma zeytinyağı
- 1,7 oz arpacık soğanı
- Tatmak için sofra tuzu
- Tatmak için karabiber
- 3 dal kekik

Başlıklar:

Sebze çorbasını yaparak başlayalım.

Radicchio ile başlayın: ikiye bölün ve ortasını (beyaz kısım) çıkarın. Şeritler halinde kesin, iyice yıkayın ve bir kenara koyun. Ayrıca füme pastırmayı küçük şeritler halinde kesin.

Arpacık soğanı ince ince kıyıp, az miktarda yağ ile tavaya koyun. Orta ateşte kaynatın, bir kepçe et suyu dökün, ardından pastırmayı ekleyin ve kahverengileşmesini bekleyin.

Yaklaşık 2 dakika sonra sık sık karıştırarak pirinci ve kızarmış ekmeği ekleyin. Bu noktada kırmızı şarabı yüksek ateşte dökün.

Alkolün tamamı uçtuktan sonra bir kepçe et suyu ekleyerek pişirmeye devam edin. Tamamen pişene kadar ikincisini eklemeden önce ilkinin kurumasını bekleyin. Tuz ve karabiber ekleyin (ne kadar eklemeye karar verdiğinize bağlı olarak).

Pişirmenin sonunda radikchio yapraklarını ekleyin. Pirinçle karışıncaya kadar iyice karıştırın, ancak pişirmeyin. Kıyılmış kekik ekleyin.

Besin değeri (100 g başına):482 kalori 17,5 gr yağ 68,1 gr karbonhidrat 13 gr protein 725 mg sodyum

Makarna alla Genovese

Hazırlama süresi: 10 dakika.

Yemek zamanı: 25 dakika

Yemekler: 3

Zorluk seviyesi: orta

Malzemeler:

- 11,5 oz Ziti
- 1 pound sığır eti
- 2,2 kilogram kızarmış soğan
- 2 oz. kereviz
- 2 ons havuç
- 1 demet maydanoz
- 3,4 fl. veya (100 ml) beyaz şarap
- Tatmak için sızma zeytinyağı
- Tatmak için sofra tuzu
- Tatmak için karabiber
- Tatmak için parmesan

Başlıklar:

Makarnayı hazırlamak için şunlarla başlayın:

Soğanı ve havucu soyup ince ince doğrayın. Daha sonra yeşillikleri yıkayıp ince ince doğrayın (yaprakları atmayın, onlar da doğranıp bir kenara bırakılmalıdır). Daha sonra ete geçiyoruz, fazla yağını temizleyip 5/6 büyük parçaya kesiyoruz. Son olarak kereviz yapraklarını ve maydanoz dalını mutfak ipiyle bağlayarak hoş kokulu bir buket oluşturun.

Geniş bir tavaya bol miktarda yağ dökün. Soğanı, kerevizi ve havucu (daha önce ayırdığınız) ekleyin ve birkaç dakika pişmesine izin verin.

Daha sonra et parçaları, bir tutam tuz ve hoş kokulu bir buket ekleyin. Karıştırın ve birkaç dakika pişirin. Daha sonra ısıyı azaltın ve bir kapakla örtün.

En az 3 saat pişirin (su veya et suyu eklemeyin çünkü soğanlar tavanın dibinin kurumaması için gerekli tüm sıvıyı serbest bırakacaktır). Her şeyi zaman zaman kontrol edip karıştırın.

3 saat piştikten sonra bitki buketini çıkarın, ısıyı biraz artırın, şarabın bir kısmını ekleyin ve karıştırın.

Eti, sık sık karıştırarak, kapağı açık olarak yaklaşık bir saat pişirin ve tavanın dibi kuruyunca şarabı dökün.

Bu noktada bir parça et alın, kesme tahtası üzerinde dilimler halinde kesin ve bir kenara koyun. Tohumları doğrayın ve kaynar tuzlu suda pişirin.

Piştiğinde suyunu süzüp tekrar tencereye koyun. Birkaç yemek kaşığı pişirme suyunu dökün ve karıştırın. Bir tabağa koyun ve biraz sos ve rendelenmiş et (7. adımda ayırdığımız) ekleyin. Tatlandırmak için biber ve rendelenmiş Parmesan ekleyin.

Besin değeri (100 g başına):450 kalori 8 gr yağ 80 gr
karbonhidrat 14,5 gr protein 816 mg sodyum

Napoliten Karnabaharlı Makarna

Hazırlama süresi: 15 dakika.

Yemek zamanı: 35 dakika

Yemekler: 3

Zorluk seviyesi: orta

Malzemeler:

- 10,5 ons makarna
- 1 karnabahar
- 3,4 fl. veya (100 ml) domates püresi
- 1 diş sarımsak
- 1 kırmızı biber
- 3 yemek kaşığı sızma zeytinyağı (veya çay kaşığı)
- Tatmak için tuz
- Tadına biber ekleyin

Başlıklar:

Karnabaharı iyice temizleyin: dış yapraklarını ve sapını çıkarın. Küçük çiçeklere kesin.

Sarımsakları soyun, doğrayın ve bir tavada yağ ve kırmızı biberle kızartın.

Domates püresini ve karnabahar çiçeklerini ekleyip orta ateşte birkaç dakika kavurduktan sonra üzerini birkaç kepçe su ile kapatarak 15-20 dakika, en azından karnabaharlar krema kıvamına gelinceye kadar pişirin.

Tavanın tabanının çok kuru olduğunu görürseniz karışımın sıvı kalmasını sağlayacak kadar su ekleyin.

Bu noktada karnabaharın üzerine kaynar su dökün ve kaynayınca makarnayı ekleyin.

Tuz ve karabiberle tatlandırın.

Besin değeri (100 g başına):458 kalori 18 gr yağ 65 gr karbonhidrat 9 gr protein 746 mg sodyum

Portakallı ve rezeneli makarna e Fagioli

Hazırlama süresi: 10 dakika.

Yemek zamanı: 30 dakika

Yemekler: 5

Zorluk seviyesi: Zorluk

Malzemeler:

- Sızma zeytinyağı - 1 yemek kaşığı. servis için daha fazla ekstra
- Pancetta – 2 ons, ince doğranmış
- Soğan - 1, ince doğranmış
- Rezene - 1 ampul, sapları atılır, ampul ikiye bölünür, rendelenir ve ince doğranmış
- Yeşil - 1 kaburga, doğranmış
- Sarımsak - 2 diş, kıyılmış
- Hamsi filetosu - 3 parça, yıkanmış ve dilimlenmiş
- Kıyılmış taze kekik - 1 yemek kaşığı.
- Rendelenmiş portakal kabuğu - 2 çay kaşığı.
- Rezene tohumları - ½ çay kaşığı.
- Kırmızı biber gevreği - ¼ çay kaşığı.
- Doğranmış domates – 1 kutu (28 ons)
- Parmesan peyniri: Porsiyon başına 1 kabuk veya daha fazla
- Cannellini fasulyesi - 1 kutu (7 ons), durulanmış
- Tavuk çorbası - 2 ½ bardak
- Su - 2 ½ bardak
- Tuz ve biber

- Orzo - 1 bardak

- Kıyılmış taze maydanoz - ¼ bardak

Başlıklar:

Yağı bir Hollanda fırınında orta ateşte ısıtın. Pastırmayı ekleyin. 3 ila 5 dakika veya kahverengileşene kadar kızartın. Kereviz, rezene ve soğanı ekleyin ve yumuşayana kadar soteleyin (yaklaşık 5 ila 7 dakika).

Pul biber, rezene tohumu, portakal kabuğu rendesi, kekik, hamsi ve sarımsağı ekleyin. 1 dakika pişirin. Domatesleri ve suyunu ekleyin. Parmesan kabuğunu ve fasulyeyi ekleyin.

Kaynatın ve 10 dakika pişirin. Su, et suyu ve 1 çay kaşığı ekleyin. tuz. Yüksek ateşte kaynatın. Makarnayı ekleyin ve al dente oluncaya kadar pişirin.

Ateşten alın ve Parmesan kabuğunu atın.

Maydanozu ekleyin ve damak tadınıza göre tuz ve karabiberle tatlandırın. Üzerine biraz zeytinyağı gezdirin ve rendelenmiş parmesan serpin. Katılmak.

Besin değeri (100 g başına):502 kalori 8,8 gr yağ 72,2 gr karbonhidrat 34,9 gr protein 693 mg sodyum

Limonlu spagetti

Hazırlama süresi: 10 dakika.

Yemek zamanı: 15 dakika

Yemekler: 6

Zorluk seviyesi: Kolay

Malzemeler:

- Sızma zeytinyağı - ½ bardak
- Rendelenmiş limon kabuğu - 2 çay kaşığı.
- Limon suyu - 1/3 bardak
- Sarımsak - 1 diş, doğramak için doğranmış
- Tuz ve biber
- Parmesan - 2 ons, rendelenmiş
- Spagetti - 1 pound
- Rendelenmiş taze fesleğen - 6 yemek kaşığı.

Başlıklar:

Bir kapta sarımsak, yağ, limon kabuğu, meyve suyu ve ½ çay kaşığı çırpın. tuz ve ¼ çay kaşığı. biber. Parmesan peynirini ekleyip krema kıvamına gelinceye kadar karıştırın.

Bu arada makarnayı paketin üzerindeki talimatlara göre pişirin. Yarım bardak pişirme suyunu boşaltın ve saklayın. Yağ karışımını ve fesleğeni makarnaya ekleyin ve birleştirmek için fırlatın. İyice baharatlayın ve gerekirse kaynamış su ekleyin. Katılmak.

Besin değeri (100 g başına):398 kalori 20,7 gr yağ 42,5 gr
karbonhidrat 11,9 gr protein 844 mg sodyum

Baharatlı sebzeli kuskus

Hazırlama süresi: 10 dakika.

Yemek zamanı: 20 dakika

Yemekler: 6

Zorluk seviyesi: zor

Malzemeler:

- Karnabahar - 1 kafa, 1 inçlik çiçeklere kesilmiş
- Sızma zeytinyağı - 6 yemek kaşığı. servis için daha fazla ekstra
- Tuz ve biber
- Kuskus - 1 ½ bardak
- Kabak - 1, ½ cm'lik parçalar halinde kesilmiş
- Kırmızı biber - 1 adet, sapsız, çekirdeksiz ve ½ cm'lik parçalar halinde kesilmiş
- Sarımsak - 4 diş, kıyılmış
- Ras el hanout - 2 çay kaşığı
- Limon kabuğu - 1 çay kaşığı. Servis için birkaç dilim limon
- Tavuk çorbası - 1 ¾ bardak
- Kıyılmış taze mercanköşk - 1 yemek kaşığı.

Başlıklar:

Bir tavada 2 yemek kaşığı ısıtın. orta ateşte yağ. Karnabahar ekleyin, ¾ çay kaşığı. tuz ve ½ çay kaşığı. biber. Karıştırın. Çiçekler kahverengileşinceye ve kenarları yarı saydam hale gelinceye kadar pişirin.

Kapağı çıkarın ve karıştırarak 10 dakika veya çiçekler altın rengi kahverengi olana kadar pişirin. Bir kaseye aktarın ve tavayı silin. 2 yemek kaşığı ısıtın. tavada yağ.

Kuskusu ekleyin. 3 ila 5 dakika veya fasulyeler kahverengileşene kadar pişirin ve karıştırmaya devam edin. Bir kaseye aktarın ve tavayı silin. Kalan 3 yemek kaşığı ısıtın. bir tavaya yağ koyup biberleri, kabakları ve ½ çay kaşığı ekleyin. tuz. 8 dakika pişirin.

Limon kabuğu rendesini, Ras el Hanout'u ve sarımsağı ekleyin. Kokusu çıkana kadar pişirin (yaklaşık 30 saniye). Et suyuna koyun ve kaynatın. Kuskusu ekleyin. Ateşten alın ve yumuşayana kadar bir kenara koyun.

Mercanköşk ve karnabaharı ekleyin; daha sonra birleştirmek için bir çatalla yavaşça karıştırın. Üzerine ilave yağ gezdirin ve iyice baharatlayın. Limon dilimleri ile servis yapın.

Besin değeri (100 g başına):787 kalori 18,3 gr yağ 129,6 gr karbonhidrat 24,5 gr protein 699 mg sodyum

Baharatlı Rezene Fırında Pilav

Hazırlama süresi: 10 dakika.

Yemek zamanı: 45 dakika

Yemekler: 8

Zorluk seviyesi: orta

Malzemeler:

- Tatlı patates - 1 ½ pound, soyulmuş ve 1 inçlik parçalar halinde kesilmiş
- Sızma zeytinyağı - ¼ bardak
- Tuz ve biber
- Rezene - 1 ampul, ince doğranmış
- Küçük soğan - 1, ince doğranmış
- Uzun taneli beyaz pirinç - 1 ½ bardak, yıkanmış
- Sarımsak - 4 diş, kıyılmış
- Ras el hanout - 2 çay kaşığı
- Tavuk çorbası - 2 ¾ bardak
- Büyük çekirdekleri çıkarılmış, salamurayla kürlenmiş yeşil zeytin - ¾ bardak, ikiye bölünmüş
- Kıyılmış taze kişniş - 2 yemek kaşığı.
- Limon dilimleri

Başlıklar:

Ortasına bir fırın rafı yerleştirin ve fırını önceden 400 F'ye ısıtın.

Patatesleri ½ çay kaşığı ile atın. tuz ve 2 yemek kaşığı. yağ.

Patatesleri çerçeveli bir fırın tepsisine tek kat halinde yerleştirin ve 25 ila 30 dakika veya yumuşayana kadar pişirin. Patatesleri kavurma işleminin yarısına kadar karıştırın.

Patatesleri çıkarın ve fırın sıcaklığını 350 F'ye düşürün. Hollandalı bir fırında kalan 2 yemek kaşığı ısıtın. orta ateşte yağ.

Soğan ve rezeneyi ekleyin; daha sonra 5 ila 7 dakika veya yumuşayana kadar pişirin. Ras el hanout'u, sarımsağı ve pirinci ekleyin. 3 dakika kızartın.

Zeytinleri ve suyu ekleyin ve 10 dakika bekletin. Patatesleri pirince ekleyin ve birleştirmek için bir çatalla yavaşça atın. Tatmak için tuz ve karabiber ekleyin. Kişniş ile süsleyin ve limon dilimleri ile servis yapın.

Besin değeri (100 g başına):207 kalori 8,9 gr yağ 29,4 gr karbonhidrat 3,9 gr protein 711 mg sodyum

Nohutlu Fas kuskus

Hazırlama süresi: 5 dakika.

Yemek zamanı: 18 dakika

Yemekler: 6

Zorluk seviyesi: orta

Malzemeler:

- Sızma zeytinyağı – ¼ bardak, servis için ekstra
- Kuskus - 1 ½ bardak
- İnce soyulmuş ve dilimlenmiş havuç - 2
- İnce doğranmış soğan - 1
- Tuz ve biber
- Sarımsak - 3 diş, kıyılmış
- Öğütülmüş kişniş - 1 çay kaşığı.
- Öğütülmüş zencefil - çay kaşığı.
- Öğütülmüş anason tohumları - ¼ çay kaşığı.
- Tavuk çorbası - 1 ¾ bardak
- Nohut - 1 kutu (15 ons), yıkanmış
- Dondurulmuş bezelye - 1 ½ bardak
- Kıyılmış taze maydanoz veya kişniş – ½ bardak
- Limon dilimleri

Başlıklar:

2 yemek kaşığı ısıtın. orta ateşte bir tavada yağ. Kuskusu karıştırın ve 3 ila 5 dakika veya kızarana kadar pişirin. Bir kaseye aktarın ve tavayı silin.

Kalan 2 yemek kaşığı ısıtın. bir tavaya yağı koyup soğanı, havuçları ve 1 çay kaşığı ekleyin. tuz. 5 ila 7 dakika pişirin. Anason, zencefil, kişniş ve sarımsak ekleyin. Kokusu çıkana kadar pişirin (yaklaşık 30 saniye).

Nohut ve et suyunu karıştırıp kaynatın. Kuskus ve bezelye ekleyin. Örtün ve ocaktan alın. Kuskus yumuşayana kadar bir kenara koyun.

Maydanozu kuskusa ekleyin ve bir çatalla karıştırın. Üzerine ilave yağ gezdirin ve iyice baharatlayın. Limon dilimleri ile servis yapın.

Besin değeri (100 g başına):649 kalori 14,2 gr yağ 102,8 gr karbonhidrat 30,1 gr protein 812 mg sodyum

Yeşil fasulye ve nohutlu vejetaryen paella

Hazırlama süresi: 10 dakika.

Yemek zamanı: 35 dakika

Yemekler: 4

Zorluk seviyesi: Kolay

Malzemeler:

- Bir tutam safran
- Sebze çorbası - 3 bardak
- Zeytinyağı - 1 yemek kaşığı.
- Sarı soğan - 1 büyük, doğranmış
- Sarımsak - 4 diş, dilimlenmiş
- Kırmızı biber - 1, küp şeklinde kesilmiş
- Ezilmiş domates - ¾ bardak, taze veya konserve
- Domates salçası - 2 yemek kaşığı.
- Acı biber - 1 ½ çay kaşığı.
- Tuz - 1 çay kaşığı.
- Taze çekilmiş karabiber - ½ çay kaşığı.
- Yeşil fasulye - 1 ½ bardak, kesilmiş ve yarıya bölünmüş
- Nohut - 1 kutu (15 ons), süzülmüş ve yıkanmış
- Kısa taneli beyaz pirinç – 1 su bardağı
- Limon - 1, dilimler halinde kesilmiş

Başlıklar:

Safran şeritlerini 3 yemek kaşığı ile karıştırın. küçük bir kapta ılık su. Bir tencerede suyu orta ateşte kaynatın. Isıyı azaltın ve kaynamaya bırakın.

Yağı bir tavada orta ateşte kaynatın. Soğanı ekleyip 5 dakika kavurun. Biber ve sarımsağı ekleyip 7 dakika veya biber yumuşayana kadar kızartın. Safran-su karışımını, tuzu, karabiberi, kırmızı biberi, salçayı ve domatesi ekleyin.

Pirinç, nohut ve yeşil fasulyeyi ekleyin. Sıcak çorbayı dökün ve kaynatın. Isıyı azaltın ve kapağın altında 20 dakika pişirin.

Limon dilimleriyle süsleyerek sıcak servis yapın.

Besin değeri (100 g başına):709 kalori 12 gr yağ 121 gr karbonhidrat 33 gr protein 633 mg sodyum

Domates ve fesleğenli sarımsaklı karides

Hazırlama süresi: 10 dakika.

Yemek zamanı: 10 dakika

Yemekler: 4

Zorluk seviyesi: Kolay

Malzemeler:

- Zeytinyağı - 2 yemek kaşığı.

- Karides - 1 ¼ pound, soyulmuş ve ayrılmış

- Sarımsak - 3 diş, kıyılmış

- Ezilmiş kırmızı biber gevreği - 1/8 çay kaşığı.

- Kuru beyaz şarap - ¾ bardak

- Üzüm domates - 1 ½ bardak

- İnce doğranmış taze fesleğen - ¼ bardak, ayrıca garnitür için daha fazlası

- Tuz - ¾ çay kaşığı

- Öğütülmüş karabiber - ½ çay kaşığı.

Başlıklar:

Yağı bir tavada orta-yüksek ateşte ısıtın. Karidesleri ekleyin ve 1 dakika veya tamamen pişene kadar pişirin. Bir tabağa aktarın.

Tavadaki yağa kırmızı biber pullarını ve sarımsağı ekleyin ve karıştırarak 30 saniye pişirin. Şarabı ekleyin ve yarı yarıya azalıncaya kadar pişirin.

Domatesleri ekleyin ve domatesler parçalanmaya başlayana kadar (yaklaşık 3 ila 4 dakika) soteleyin. Ayrılmış karidesleri, tuzu, karabiberi ve fesleğeni ekleyin. 1 ila 2 dakika daha pişirin.

Kalan fesleğen ile süsleyerek servis yapın.

Besin değeri (100 g başına):282 kalori 10 gr yağ 7 gr karbonhidrat 33 gr protein 593 mg sodyum

Karidesli paella

Hazırlama süresi: 10 dakika.

Yemek zamanı: 25 dakika

Yemekler: 4

Zorluk seviyesi: orta

Malzemeler:

- Zeytinyağı - 2 yemek kaşığı.
- Orta boy soğan - 1, küp şeklinde kesilmiş
- Kırmızı biber - 1, küp şeklinde kesilmiş
- Sarımsak - 3 diş, kıyılmış
- Bir tutam safran
- Acı biber - ¼ çay kaşığı.
- Tuz - 1 çay kaşığı.
- Taze çekilmiş karabiber - ½ çay kaşığı.
- Tavuk çorbası - 3 bardak, bölünmüş
- Kısa taneli beyaz pirinç – 1 su bardağı
- Soyulmuş ve kesilmiş büyük karides - 1 pound
- Dondurulmuş bezelye - 1 bardak, çözülmüş

Başlıklar:

Zeytinyağını bir tavada ısıtın. Soğanı ve biberi ekleyip 6 dakika veya yumuşayana kadar soteleyin. Tuz, karabiber, kırmızı biber, safran ve sarımsağı ekleyip karıştırın. 2 ½ su bardağı et suyu ve pirinci ekleyin.

Karışımı kaynatın, ardından pirinç pişene kadar yaklaşık 12 dakika pişirin. Karidesleri ve bezelyeleri pirincin üzerine yerleştirin ve kalan ½ bardak suyu ekleyin.

Tavayı tekrar kapatın ve karideslerin tamamı pişene kadar (yaklaşık 5 dakika) pişirin. Katılmak.

Besin değeri (100 g başına):409 kalori 10 gr yağ 51 gr karbonhidrat 25 gr protein 693 mg sodyum

Zeytin, nane ve beyaz peynirli mercimek salatası

Hazırlama süresi: 60 dakika.

Yemek zamanı: 60 dakika

Yemekler: 6

Zorluk seviyesi: orta

Malzemeler:

- Tuz ve biber
- Fransız mercimeği - 1 su bardağı, toplanmış ve yıkanmış
- Sarımsak - 5 diş, hafifçe ezilmiş ve soyulmuş
- Defne yaprağı - 1
- Sızma zeytinyağı - 5 yemek kaşığı.
- Beyaz şarap sirkesi - 3 yemek kaşığı.
- Çekirdeksiz Kalamata zeytini - ½ bardak, doğranmış
- Kıyılmış taze nane - ½ bardak
- Arpacık soğanı - 1 büyük, doğranmış
- Beyaz peynir - 1 ons, ufalanmış

Başlıklar:

4 su bardağı ılık su ve 1 çay kaşığı ekleyin. bir kasede tuz. Mercimeği ekleyin ve oda sıcaklığında 1 saat bekletin. İyice boşaltın.

Ortasına bir fırın rafı yerleştirin ve fırını önceden 325 F'ye ısıtın. Mercimek, 4 bardak su, sarımsak, defne yaprağı ve ½ çay kaşığını birleştirin. tavada tuz. Tavayı örtün ve fırına yerleştirin ve 40 ila 60 dakika veya mercimekler yumuşayana kadar pişirin.

Mercimeği iyice süzün, sarımsak ve defne yapraklarını atın. Yağı ve sirkeyi geniş bir kapta karıştırın. Arpacık soğanı, nane, zeytin ve mercimeği ekleyip karıştırın.

Tatmak için tuz ve karabiber ekleyin. Servis tabağına sıkıca yerleştirip beyaz peynirle süsleyin. Katılmak.

Besin değeri (100 g başına):249 kalori 14,3 gr yağ 22,1 gr karbonhidrat 9,5 gr protein 885 mg sodyum

Sarımsaklı ve maydanozlu nohut

Hazırlama süresi: 5 dakika.

Yemek zamanı: 20 dakika

Yemekler: 6

Zorluk seviyesi: orta

Malzemeler:

- Sızma zeytinyağı - ¼ bardak
- Sarımsak - 4 diş, ince dilimler halinde kesilmiş
- Kırmızı biber gevreği - 1/8 çay kaşığı.
- Soğan - 1, doğranmış
- Tuz ve biber
- Nohut - 2 (15 ons) kutu, durulanmış
- Tavuk çorbası - 1 su bardağı
- Kıyılmış taze maydanoz - 2 yemek kaşığı.
- Limon suyu - 2 çay kaşığı

Başlıklar:

Tavaya 3 yemek kaşığı ekleyin. yağlayın ve sarımsak ve biber pullarını 3 dakika pişirin. Soğanı ve ¼ çay kaşığı ekleyin. tuzlayın ve 5 ila 7 dakika pişirin.

Nohut ve et suyunu karıştırıp kaynamaya bırakın. Isıyı azaltın ve üstü kapalı olarak 7 dakika pişirin.

Kapağı açın ve yüksek ısıya getirin ve 3 dakika veya tüm sıvı buharlaşana kadar pişirin. Rezerve edin ve limon suyu ve maydanozla karıştırın.

Tatmak için tuz ve karabiber ekleyin. 1 yemek kaşığı üzerine dökün. yağlayıp servis yapın.

Besin değeri (100 g başına):611 kalori 17,6 gr yağ 89,5 gr karbonhidrat 28,7 gr protein 789 mg sodyum

Patlıcan ve domatesli haşlanmış nohut

Hazırlama süresi: 10 dakika.

Yemek zamanı: 60 dakika

Yemekler: 6

Zorluk seviyesi: Kolay

Malzemeler:

- Sızma zeytinyağı - ¼ bardak
- Soğan - 2, doğranmış
- Yeşil biber - 1, ince doğranmış
- Tuz ve biber
- Sarımsak - 3 diş, kıyılmış
- Kıyılmış taze kekik - 1 yemek kaşığı.
- Defne yaprağı - 2
- Patlıcan - 1 pound, 1 inçlik parçalar halinde kesilmiş
- Bütün kabuklar - 1 kutu, ayrılmış meyve suyuyla süzülmüş, dilimlenmiş
- Nohut - 2 (15 ons) kutu, 1 bardak ayrılmış sıvı ile süzülmüş

Başlıklar:

Alt ortasına bir fırın rafı yerleştirin ve fırını önceden 400 F'ye ısıtın. Yağı Hollandalı bir fırında ısıtın. Kırmızı biber, soğan ve ½ çay kaşığı ekleyin. tuz ve ¼ çay kaşığı. biber. 5 dakika kızartın.

1 çay kaşığı ekleyin. kekik, sarımsak ve defne yaprağını ekleyip 30 saniye pişirin. Domates, patlıcan, ayrılmış meyve suyu, nohut ve ayrılmış sıvıyı ekleyip kaynatın. Tencereyi fırına yerleştirin ve kapağı açık olarak 45 ila 60 dakika pişirin. İki kez karıştırın.

Defne yapraklarını atın. Kalan 2 çay kaşığı ekleyin. kekik ve tuz ve karabiberle tatlandırın. Katılmak.

Besin değeri (100 g başına):642 kalori 17,3 gr yağ 93,8 gr karbonhidrat 29,3 gr protein 983 mg sodyum

Limonlu Yunan pilavı

Hazırlama süresi: 20 dakika.

Yemek zamanı: 45 dakika

Yemekler: 6

Zorluk seviyesi: orta

Malzemeler:

- Uzun taneli pirinç: 2 bardak, pişmemiş (20 dakika soğuk suda bekletilir, sonra süzülür)
- Sızma zeytinyağı - 3 yemek kaşığı.
- Sarı soğan - 1 orta boy, doğranmış
- Sarımsak - 1 diş, kıyılmış
- Orzo makarna - ½ bardak
- 2 limonun suyu ve 1 limonun kabuğu rendesi
- Düşük sodyum suyu - 2 bardak
- Bir tutam tuz
- Kıyılmış maydanoz – 1 büyük avuç
- Dereotu - 1 çay kaşığı.

Başlıklar:

Bir tavada 3 yemek kaşığı ısıtın. sızma zeytinyağı. Soğanı ekleyin ve 3 ila 4 dakika kızartın. Orzo makarnasını ve sarımsağı ekleyin ve birleştirmek için fırlatın.

Daha sonra üzerini kapatacak kadar pirinç ekleyin. Et suyu ve limon suyunu ekleyin. Kaynatın ve ısıyı düşürün. Kapağını kapatıp yaklaşık 20 dakika pişirin.

Ateşten alın. Örtün ve 10 dakika bekletin. Kapağını açıp limon kabuğu, dereotu ve maydanozu ekleyin. Katılmak.

Besin değeri (100 g başına):145 kalori 6,9 gr yağ 18,3 gr karbonhidrat 3,3 gr protein 893 mg sodyum

Sarımsak ve otlar ile pirinç

Hazırlama süresi: 10 dakika.

Yemek zamanı: 30 dakika

Yemekler: 4

Zorluk seviyesi: Kolay

Malzemeler:

- Sızma zeytinyağı – ½ bardak, bölünmüş
- Büyük diş sarımsak - 5, kıyılmış
- Kahverengi yasemin pirinci - 2 su bardağı
- Su - 4 su bardağı
- Deniz tuzu - 1 çay kaşığı.
- Karabiber - 1 çay kaşığı.
- Kıyılmış taze frenk soğanı - 3 yemek kaşığı.
- Kıyılmış taze maydanoz - 2 yemek kaşığı.
- Kıyılmış taze fesleğen - 1 yemek kaşığı.

Başlıklar:

Tavaya ¼ su bardağı zeytinyağı, sarımsak ve pirinci ekleyin.

Karıştırın ve orta ateşte ısıtın. Su, deniz tuzu ve karabiberi ekleyin. Daha sonra tekrar karıştırın.

Kaynatın ve ısıyı azaltın. Kısık ateşte, kapağı açık olarak, ara sıra karıştırarak pişirin.

Su neredeyse emildiğinde, kalan ¼ bardak zeytinyağını fesleğen, maydanoz ve frenk soğanıyla birlikte karıştırın.

Bitkiler emilene ve suyun tamamı emilene kadar karıştırın.

Besin değeri (100 g başına):304 kalori 25,8 gr yağ 19,3 gr karbonhidrat 2 gr protein 874 mg sodyum

Akdeniz pirinç salatası

Hazırlama süresi: 10 dakika.

Yemek zamanı: 25 dakika

Yemekler: 4

Zorluk seviyesi: orta

Malzemeler:

- Sızma zeytinyağı – ½ bardak, bölünmüş
- Uzun taneli kahverengi pirinç – 1 su bardağı
- Su - 2 bardak
- Taze limon suyu - ¼ bardak
- Sarımsak karanfil - 1, kıyılmış
- doğranmış taze biberiye - 1 çay kaşığı.
- Kıyılmış taze nane - 1 çay kaşığı.
- Belçika hindibası - 3 adet, doğranmış
- Kırmızı biber - 1 orta boy, doğranmış
- Serada salatalık - 1, doğranmış
- Kıyılmış bütün yeşil soğan - ½ bardak
- Kıyılmış Kalamata zeytinleri - ½ bardak
- Kırmızı biber gevreği - ¼ çay kaşığı.
- Ezilmiş beyaz peynir - ¾ bardak
- Deniz tuzu ve karabiber

Başlıklar:

¼ bardak zeytinyağını, pirinci ve bir tutam tuzu bir tavada kısık ateşte ısıtın. Pirinci kaplamak için karıştırın. Suyunu ekleyip suyunu çekene kadar pişirin. Ara sıra karıştır. Pirinci geniş bir kaseye dökün ve soğumaya bırakın.

Başka bir kapta kalan ¼ bardak zeytinyağı, pul biber, zeytin, yeşil soğan, salatalık, dolmalık biber, hindiba, nane, biberiye, sarımsak ve limon suyunu birleştirin.

Karışıma pirinci ekleyin ve birleştirmek için karıştırın. Beyaz peyniri yavaşça katlayın.

Baharatları deneyin ve ayarlayın. Katılmak.

Besin değeri (100 g başına):415 kalori 34 gr yağ 28,3 gr karbonhidrat 7 gr protein 4755 mg sodyum

Taze fasulye ve ton balıklı salata

Hazırlama süresi: 5 dakika.

Yemek zamanı: 20 dakika

Yemekler: 6

Zorluk seviyesi: Kolay

Malzemeler:

- Taze kabuklu fasulye (kabuklu) – 2 su bardağı
- Defne yaprağı - 2
- Sızma zeytinyağı - 3 yemek kaşığı.
- Kırmızı şarap sirkesi - 1 yemek kaşığı.
- Tuz ve karabiber
- En kaliteli ton balığı: Zeytinyağında paketlenmiş 1 kutu (6 ons)
- Tuzlu kapari - 1 yemek kaşığı. ıslak ve kuru
- İnce kıyılmış düz maydanoz - 2 yemek kaşığı.
- Kırmızı soğan - 1 adet, dilimlenmiş

Başlıklar:

Bir tencerede hafif tuzlu suyu kaynatın. Fasulye ve defne yaprağını ekleyin; daha sonra 15 ila 20 dakika veya fasulyeler yumuşayana ancak hala sert olana kadar pişirin. Süzün, aromalarını atın ve bir kaseye aktarın.

Hemen sirkeyi ve yağı fasulyelerin üzerine dökün. Tuz ve karabiber ekleyin. İyice karıştırın ve baharatları ayarlayın. Ton balığını süzün ve ton balığı etini fasulye salatasına ufalayın. Maydanoz ve kapari ekleyin. Kırmızı soğan dilimlerini birleştirmek ve üstüne yerleştirmek için karıştırın. Katılmak.

Besin değeri (100 g başına):85 kalori 7,1 gr yağ 4,7 gr karbonhidrat 1,8 gr protein 863 mg sodyum

Lezzetli tavuklu makarna

Hazırlama süresi: 10 dakika.

Yemek zamanı: 17 dakika

Yemekler: 4

Zorluk seviyesi: Kolay

Malzemeler:

- 3 derisiz ve kemiksiz tavuk göğsü, parçalar halinde kesilmiş
- 9 ons tam buğdaylı makarna
- 1/2 su bardağı dilimlenmiş zeytin
- 1/2 su bardağı güneşte kurutulmuş domates
- 1 yemek kaşığı közlenmiş kırmızı biber, doğranmış
- 14 oz doğranmış domates olabilir
- 2 bardak marinara sosu
- 1 su bardağı tavuk suyu
- Biber
- Tuz

Başlıklar:

Tam buğdaylı makarna dışındaki tüm malzemeleri Instant Pot'a ekleyin.

Kapağını kapatıp yüksek ateşte 12 dakika pişirin.

Bu yapıldıktan sonra basıncın doğal olarak serbest kalmasına izin verin. Kapağı çıkar.

Makarnayı ekleyin ve iyice karıştırın. Tencereyi tekrar kapatın, manuel seçeneğini seçin ve zamanlayıcıyı 5 dakikaya ayarlayın.

İşiniz bittiğinde, 5 dakika boyunca basıncı bırakın ve ardından geri kalanını hızlı bir şekilde serbest bırakın. Kapağı çıkar. İyice karıştırıp servis yapın.

Besin değeri (100 g başına):615 kalori 15,4 gr yağ 71 gr karbonhidrat 48 gr protein 631 mg sodyum

Taco Pirinç Kasesi lezzetleri

Hazırlama süresi: 10 dakika.

Yemek zamanı: 14 dakika

Yemekler: 8

Zorluk seviyesi: orta

Malzemeler:

- 1 kilo kıyma
- 8 ons çedar peyniri, rendelenmiş
- 14 ons konserve barbunya fasulyesi
- 2 ons taco baharatı
- 16 oz sos
- 2 bardak su
- 2 su bardağı esmer pirinç
- Biber
- Tuz

Başlıklar:

Instant Pot'u kavurma moduna geçirin.

Eti tencereye ekleyip rengi dönene kadar kavurun.

Suyu, fasulyeyi, pirinci, taco baharatını, biberi ve tuzu ekleyip iyice karıştırın.

Sosun üzerine dökün. Kapağını kapatıp yüksek ateşte 14 dakika pişirin.

Bu yapıldıktan sonra hızlı serbest bırakma düğmesini kullanarak basıncı serbest bırakın. Kapağı çıkar.

Kaşar peynirini ekleyip peynir eriyene kadar karıştırın.

Servis yapın ve tadını çıkarın.

Besin değeri (100 g başına):464 kalori 15,3 gr yağ 48,9 gr karbonhidrat 32,2 gr protein 612 mg sodyum

Lezzetli makarna ve peynir

Hazırlama süresi: 10 dakika.

Yemek zamanı: 10 dakika

Yemekler: 6

Zorluk seviyesi: Kolay

Malzemeler:

- 16 oz tam buğdaylı dirsek makarna
- 4 bardak su
- 1 su bardağı doğranmış domates
- 1 çay kaşığı kıyılmış sarımsak
- 2 yemek kaşığı zeytinyağı
- 1/4 su bardağı doğranmış yeşil soğan
- 1/2 su bardağı rendelenmiş parmesan
- 1/2 su bardağı rendelenmiş mozzarella peyniri
- 1 su bardağı rendelenmiş kaşar peyniri
- 1/4 bardak passata
- 1 su bardağı şekersiz badem sütü
- 1 su bardağı marine edilmiş enginar, doğranmış
- 1/2 su bardağı doğranmış güneşte kurutulmuş domates
- 1/2 su bardağı dilimlenmiş zeytin
- 1 çay kaşığı tuz

Başlıklar:

Makarnayı, suyu, domatesi, sarımsağı, yağı ve tuzu Instant Pot'a ekleyin ve iyice karıştırın. Kapağını kapatıp yüksek ateşte pişirin.

Bu yapıldıktan sonra, birkaç dakikalığına basıncı bırakın ve ardından geri kalanını hızlı bir durulamayla serbest bırakın. Kapağı çıkar.

Tencereyi haşlama moduna alın. Yeşil soğan, parmesan peyniri, mozzarella peyniri, kaşar peyniri, makarna, badem sütü, enginar, güneşte kurutulmuş domates ve zeytinleri ekleyin. İyice karıştırın.

İyice karıştırıp peynir eriyene kadar pişirin.

Servis yapın ve tadını çıkarın.

Besin değeri (100 g başına):519 kalori 17,1 gr yağ 66,5 gr karbonhidrat 25 gr protein 588 mg sodyum

Salatalık ve zeytinli pilav

Hazırlama süresi: 10 dakika.

Yemek zamanı: 10 dakika

Yemekler: 8

Zorluk seviyesi: orta

Malzemeler:

- 2 su bardağı yıkanmış pirinç
- 1/2 su bardağı çekirdeği çıkarılmış zeytin
- 1 su bardağı doğranmış salatalık
- 1 yemek kaşığı kırmızı şarap sirkesi
- 1 çay kaşığı rendelenmiş limon kabuğu
- 1 yemek kaşığı taze limon suyu
- 2 yemek kaşığı zeytinyağı
- 2 su bardağı sebze suyu
- 1/2 çay kaşığı kurutulmuş kekik
- 1 doğranmış kırmızı biber
- 1/2 su bardağı doğranmış soğan
- 1 yemek kaşığı zeytinyağı
- Biber
- Tuz

Başlıklar:

Instant Pot'un iç haznesine yağ ekleyin ve tencereyi güveç modu için seçin. Soğanı ekleyin ve 3 dakika kızartın. Kırmızı biber ve kekik ekleyip 1 dakika kızartın.

Pirinç ve et suyunu ekleyip iyice karıştırın. Kapağını kapatıp yüksek ateşte 6 dakika pişirin. Bu yapıldıktan sonra, basıncı 10 dakika boyunca açık bırakın ve ardından geri kalanını hızlı bir şekilde serbest bırakın. Kapağı çıkar.

Geri kalan malzemeleri ekleyin ve iyice karıştırın. Hemen servis yapın ve keyfini çıkarın.

Besin değeri (100 g başına):229 kalori 5,1 gr yağ 40,2 gr karbonhidrat 4,9 gr protein 210 mg sodyum

Bitkisel risotto aromaları

Hazırlama süresi: 10 dakika.

Yemek zamanı: 15 dakika

Yemekler: 4

Zorluk seviyesi: orta

Malzemeler:

- 2 bardak pirinç
- 2 yemek kaşığı rendelenmiş parmesan peyniri
- 3,5 ons ağır krema
- 1 yemek kaşığı doğranmış taze kekik
- 1 yemek kaşığı doğranmış taze fesleğen
- 1/2 yemek kaşığı kıyılmış adaçayı
- 1 doğranmış soğan
- 2 yemek kaşığı zeytinyağı
- 1 çay kaşığı kıyılmış sarımsak
- 4 su bardağı sebze suyu
- Biber
- Tuz

Başlıklar:

Hazır tencerenin iç kabına yağı ekleyin ve tencereyi pilav moduna alın. Hazır Tencerenin iç kabına sarımsak ve soğanı ekleyin ve tencereyi kaynama moduna alın. Sarımsak ve soğanı ekleyip 2-3 dakika kavurun.

Parmesan ve krema hariç diğer malzemeleri ekleyin ve iyice karıştırın. Kapağını kapatıp yüksek ateşte 12 dakika pişirin.

Bu yapıldıktan sonra, 10 dakika boyunca basıncı bırakın ve ardından geri kalanını hızlı bir şekilde serbest bırakın. Kapağı çıkar. Krema ve peyniri ekleyip servis yapın.

Besin değeri (100 g başına):514 kalori 17,6 gr yağ 79,4 gr karbonhidrat 8,8 gr protein 488 mg sodyum

Lezzetli bahar makarnası

Hazırlama süresi: 10 dakika.

Yemek zamanı: 4 dakika

Yemekler: 4

Zorluk seviyesi: Kolay

Malzemeler:

- 8 oz tam buğdaylı penne makarna
- 1 yemek kaşığı taze limon suyu
- 2 yemek kaşığı kıyılmış taze maydanoz
- 1/4 su bardağı kıyılmış badem
- 1/4 bardak rendelenmiş Parmesan
- 14 oz doğranmış domates olabilir
- 1/2 bardak kuru erik
- 1/2 su bardağı doğranmış kabak
- 1/2 bardak kuşkonmaz
- 1/2 su bardağı doğranmış havuç
- 1/2 su bardağı doğranmış brokoli
- 1 3/4 su bardağı sebze suyu
- Biber
- Tuz

Başlıklar:

Çorba, yeşil soğan, domates, kuru erik, kabak, kuşkonmaz, havuç ve brokoliyi Hazır Pot'a ekleyin ve iyice karıştırın. Kapatıp yüksek ateşte 4 dakika pişirin. Bu yapıldıktan sonra hızlı serbest bırakma düğmesini kullanarak basıncı serbest bırakın. Kapağı çıkar. Geri kalan malzemeleri iyice karıştırıp servis yapın.

Besin değeri (100 g başına):303 kalori 2,6 gr yağ 63,5 gr karbonhidrat 12,8 gr protein 918 mg sodyum

Közlenmiş biber salçası

Hazırlama süresi: 10 dakika.

Yemek zamanı: 13 dakika

Yemekler: 6

Zorluk seviyesi: orta

Malzemeler:

- 1 kilo tam buğdaylı penne makarna
- 1 yemek kaşığı İtalyan baharatı
- 4 su bardağı sebze suyu
- 1 yemek kaşığı kıyılmış sarımsak
- 1/2 doğranmış soğan
- 14 oz kavrulmuş kırmızı biber kavanozu
- 1 su bardağı beyaz peynir, ufalanmış
- 1 yemek kaşığı zeytinyağı
- Biber
- Tuz

Başlıklar:

Közlenmiş biberleri blendera ekleyin ve pürüzsüz hale gelinceye kadar karıştırın. Instant Pot'un iç kabına yağ ekleyin ve kavanozu kaynatma moduna ayarlayın. Hazır Tencerenin iç kabına sarımsak ve soğanı ekleyin ve tencereyi pişirin. Sarımsak ve soğanı ekleyip 2-3 dakika kavurun.

Karışık közlenmiş biberi ekleyip 2 dakika kavurun.

Feta hariç diğer malzemeleri ekleyin ve iyice karıştırın. Sıkıca kapatın ve yüksek ateşte 8 dakika pişirin. İşiniz bittiğinde, 5 dakika boyunca doğal bir şekilde basıncı bırakın ve ardından geri kalanını hızlı bir şekilde bırakın. Kapağı çıkar. Üzerine beyaz peynir serpip servis yapın.

Besin değeri (100 g başına):459 kalori 10,6 gr yağ 68,1 gr karbonhidrat 21,3 gr protein 724 mg sodyum

Domates, fesleğen ve peynirli pilav

Hazırlama süresi: 10 dakika.

Yemek zamanı: 26 dakika

Yemekler: 8

Zorluk seviyesi: orta

Malzemeler:

- 1 1/2 su bardağı kahverengi pirinç
- 1 su bardağı rendelenmiş parmesan peyniri
- 1/4 su bardağı doğranmış taze fesleğen
- 2 su bardağı üzüm domates, ikiye bölünmüş
- 8 oz. domates sosu konservesi
- 1 3/4 su bardağı sebze suyu
- 1 yemek kaşığı kıyılmış sarımsak
- 1/2 su bardağı doğranmış soğan
- 1 yemek kaşığı zeytinyağı
- Biber
- Tuz

Başlıklar:

Instant Pot'un iç kasesine yağ ekleyin ve güveç tenceresini seçin. Sarımsak ve soğanı hazır tencerenin iç kabına koyun ve pişirin. Sarımsak ve soğanı karıştırıp 4 dakika kızartın. Pirinç, domates sosu, et suyu, karabiber ve tuzu ekleyip iyice karıştırın.

Kapatıp yüksek ateşte 22 dakika pişirin.

Bu yapıldıktan sonra, 10 dakika boyunca basıncı serbest bırakmasına izin verin ve ardından geri kalanını hızlı bir şekilde serbest bırakın. Kapağı çıkar. Kalan malzemeleri ekleyin ve karıştırın. Servis yapın ve tadını çıkarın.

Besin değeri (100 g başına):208 kalori 5,6 gr yağ 32,1 gr karbonhidrat 8,3 gr protein 863 mg sodyum

Makarna ve peynir

Hazırlama süresi: 10 dakika.

Yemek zamanı: 4 dakika

Yemekler: 8

Zorluk seviyesi: Kolay

Malzemeler:

- 1 kilo tam buğdaylı makarna
- 1/2 su bardağı rendelenmiş parmesan
- 4 su bardağı kaşar peyniri, rendelenmiş
- 1 bardak süt
- 1/4 çay kaşığı sarımsak tozu
- 1/2 çay kaşığı öğütülmüş hardal
- 2 yemek kaşığı zeytinyağı
- 4 bardak su
- Biber
- Tuz

Başlıklar:

Makarnayı, sarımsak tozunu, hardalı, yağı, suyu, biberi ve tuzu Instant Pot'a ekleyin. Kapağını sıkıca kapatıp yüksek ateşte 4 dakika pişirin. İşiniz bittiğinde, hızlı bir serbest bırakma işlemiyle baskıyı bırakın. Kapak açık. Geriye kalan malzemeleri ekleyip iyice karıştırıp servis yapın.

Besin değeri (100 g başına):509 kalori 25,7 gr yağ 43,8 gr karbonhidrat 27,3 gr protein 766 mg sodyum

ton balıklı makarna

Hazırlama süresi: 10 dakika.

Yemek zamanı: 8 dakika

Yemekler: 6

Zorluk seviyesi: orta

Malzemeler:

- 10 oz konserve ton balığı, süzülmüş
- 15 ons tam buğdaylı rotini makarna
- 4 ons mozzarella peyniri, doğranmış
- 1/2 su bardağı rendelenmiş parmesan
- 1 çay kaşığı kurutulmuş fesleğen
- 14 ons kutu domates
- 4 su bardağı sebze suyu
- 1 yemek kaşığı kıyılmış sarımsak
- 200 gr dilimlenmiş mantar
- 2 kabak dilimlenmiş
- 1 doğranmış soğan
- 2 yemek kaşığı zeytinyağı
- Biber
- Tuz

Başlıklar:

Hazır tencerenin iç haznesine yağı dökün ve kızartmak için tencereye bastırın. Mantarları, kabakları ve soğanı ekleyip soğan yumuşayana kadar kavurun. Sarımsakları ekleyin ve bir dakika kızartın.

Makarnayı, fesleğen, ton balığı, domates ve et suyunu ekleyip iyice karıştırın. Kapatıp yüksek ateşte 4 dakika pişirin. İşiniz bittiğinde, 5 dakika boyunca basıncı bırakın ve ardından geri kalanını hızlı bir şekilde serbest bırakın. Kapağı çıkar. Geriye kalan malzemeleri ekleyip iyice karıştırıp servis yapın.

Besin değeri (100 g başına):346 kalori 11,9 gr yağ 31,3 gr karbonhidrat 6,3 gr protein 830 mg sodyum

Avokado Hindi Karışımı Panini

Hazırlama süresi: 5 dakika.

Yemek zamanı: 8 dakika

Yemekler: 2

Zorluk seviyesi: Kolay

Malzemeler:

- 2 adet közlenmiş kırmızı biber şeritler halinde kesilmiş
- ¼ pound ince dilimlenmiş mesquit füme hindi göğsü
- 1 bardak bütün taze ıspanak yaprağı, bölünmüş
- 2 dilim provolon peyniri
- 1 yemek kaşığı zeytinyağı, bölünmüş
- 2 ciabatta rulosu
- ¼ bardak mayonez
- ½ olgun avokado

Başlıklar:

Mayonez ve avokadoyu bir kasede iyice karıştırın. Daha sonra panini presini ısıtın.

Ruloları ikiye bölün ve ekmeğin iç kısmına zeytinyağı sürün. Daha sonra üzerine katladığınız iç malzemeyle doldurun: provolon, hindi göğsü, közlenmiş kırmızı biber, ıspanak yaprakları ve avokado karışımını yayın ve üstüne bir dilim ekmek daha koyun.

Sandviçi panini presine yerleştirin ve peynir eriyene ve ekmek çıtır çıtır olana kadar 5 ila 8 dakika ızgara yapın.

Besin değeri (100 g başına):546 kalori 34,8 gr yağ 31,9 gr karbonhidrat 27,8 gr protein 582 mg sodyum

Salatalık, tavuk ve mango sarma

Hazırlama süresi: 5 dakika.

Yemek zamanı: 20 dakika

Yemekler: 1

Zorluk seviyesi: zor

Malzemeler:

- ½ orta boy salatalık, uzunlamasına kesilmiş
- ½ olgun mango
- 1 yemek kaşığı dilediğiniz salata sosu
- 1 tam buğday tortilla sarması
- 1 cm kalınlığında tavuk göğsü dilimi, yaklaşık 6 cm uzunluğunda
- Kızartmak için 2 yemek kaşığı sıvı yağ
- 2 yemek kaşığı tam buğday unu
- 2 ila 4 marul yaprağı
- Tatmak için biber ve tuz

Başlıklar:

Bir tavuk göğsünü 1 inçlik şeritler halinde kesin ve 6 inçlik şeritleri birlikte pişirin. Bu iki tavuk şeridine benzer. Tavuğun geri kalanını ileride kullanmak üzere saklayın.

Tavukları biber ve tuzla baharatlayın. Tam buğday ununu ısıtın.

Küçük yapışmaz bir tavayı orta ateşe koyun ve yağı ısıtın. Yağ ısındığında tavuk şeritlerini ekleyin ve altın rengi kahverengi olana kadar her tarafı yaklaşık 5 dakika kızartın.

Tavuk pişerken tortillaları fırına koyun ve 3 ila 5 dakika pişirin. Daha sonra bir kenara koyun ve bir tabağa aktarın.

Salatalığı uzunlamasına kesin, yarısını kullanın ve kalan salatalığı saklayın. Salatalığı soyup dörde bölün ve bir avuç çıkarın. İki dilim salatalığı tortillanın üzerine kenarından 1 cm uzağa yerleştirin.

Mangoyu dilimler halinde kesin, diğer yarısını tohumlarla birlikte saklayın. Çekirdekleri çıkarılmış mangoyu soyun, şeritler halinde kesin ve tortilladaki salatalığın üzerine yerleştirin.

Tavuk pişince salatalığın yanına sıra halinde dizin.

Salatalık yapraklarını ekleyin, dilediğiniz salata sosunu gezdirin.

Tortillayı yuvarlayın, servis yapın ve keyfini çıkarın.

Besin değeri (100 g başına):434 kalori 10 gr yağ 65 gr karbonhidrat 21 gr protein 691 mg sodyum

Fattuş - Orta Doğu ekmeği

Hazırlama süresi: 10 dakika.

Yemek zamanı: 15 dakika

Yemekler: 6

Zorluk seviyesi: zor

Malzemeler:

- 2 somun pide ekmeği
- 1 yemek kaşığı sızma zeytinyağı
- 1/2 çay kaşığı sumak, daha fazlası sonra için
- Tuz ve biber
- 1 kalp marul
- 1 İngiliz salatalık
- 5 adet Roma domatesi
- 5 yeşil soğan
- 5 turp
- 2 su bardağı doğranmış taze maydanoz yaprağı
- 1 su bardağı doğranmış taze nane yaprağı
- <u>Pansuman için malzemeler:</u>
- 1 1/2 limon, meyve suyu
- 1/3 su bardağı sızma zeytinyağı
- Tuz ve biber
- 1 çay kaşığı öğütülmüş sedef otu
- 1/4 çay kaşığı öğütülmüş tarçın
- tutam 1/4 çay kaşığı öğütülmüş yenibahar

Başlıklar:

Pide ekmeğini tost makinesinde 5 dakika kadar kızartın. Daha sonra pide ekmeğini parçalara ayırın.

3 yemek kaşığı zeytinyağını büyük bir tavada orta ateşte 3 dakika ısıtın. Pide ekmeğini ekleyin ve altın rengi kahverengi olana kadar yaklaşık 4 dakika karıştırarak kızartın.

Tuz, karabiber ve 1/2 çay kaşığı sumak ekleyin. Pide cipslerini ocaktan alın ve süzülmesi için kağıt havluların üzerine koyun.

Geniş bir salata kasesinde doğranmış marul, salatalık, domates, taze soğan, dilimlenmiş turp, nane yaprağı ve maydanozu iyice karıştırın.

Misket limonu sosunu hazırlamak için tüm malzemeleri küçük bir kasede birleştirin.

Sosu salataya ekleyin ve iyice karıştırın. Pide ekmeği ekleyin.

Servis yapın ve tadını çıkarın.

Besin değeri (100 g başına):192 kalori 13,8 gr yağ 16,1 gr karbonhidrat 3,9 gr protein 655 mg sodyum

Glutensiz sarımsak ve domatesli focaccia

Hazırlama süresi: 5 dakika.

Yemek zamanı: 20 dakika

Yemekler: 8

Zorluk seviyesi: zor

Malzemeler:

- 1 yumurta
- ½ çay kaşığı limon suyu
- 1 yemek kaşığı bal
- 4 yemek kaşığı zeytinyağı
- bir tutam şeker
- 1 ¼ su bardağı ılık su
- 1 yemek kaşığı aktif kuru maya
- 2 çay kaşığı kıyılmış biberiye
- 2 çay kaşığı kıyılmış kekik
- 2 çay kaşığı kıyılmış fesleğen
- 2 diş sarımsak, doğranmış
- 1 ¼ çay kaşığı deniz tuzu
- 2 çay kaşığı ksantan sakızı
- ½ su bardağı darı unu
- 1 su bardağı patates nişastası, un değil
- 1 su bardağı sorgum unu
- Toz alma için glutensiz mısır unu

Başlıklar:

Fırını 5 dakika kadar çalıştırın ve ardından fırın kapağını kapalı tutarak kapatın.

Sıcak su ve bir tutam şekeri karıştırın. Mayayı ekleyin ve yavaşça karıştırın. 7 dakika bekletin.

Büyük bir kapta otlar, sarımsak, tuz, ksantan sakızı, nişasta ve unu iyice karıştırın. Maya fermente olmayı bıraktığında unlu bir kaseye dökün. Yumurtayı, limon suyunu, balı ve zeytinyağını çırpın.

İyice karıştırın ve üzerine mısır unu serpilmiş, iyice yağlanmış kare bir kalıba yerleştirin. Taze sarımsak, daha fazla ot ve dilimlenmiş domates serpin. Isıtılmış fırına verip yarım saat dinlendirin.

Fırını 375°F'ye açın ve 20 dakika önceden ısıttıktan sonra. Üstleri hafifçe kızardığında focaccia hazırdır. Fırından çıkarıp hemen şekil verin ve soğumaya bırakın. En iyisi sıcak.

Besin değeri (100 g başına):251 kalori 9 gr yağ 38,4 gr karbonhidrat 5,4 gr protein 366 mg sodyum

Izgara mantarlı burgerler

Hazırlama süresi: 15 dakika.

Yemek zamanı: 10 dakika

Yemekler: 4

Zorluk seviyesi: orta

Malzemeler:

- 2 Bibb marul, ikiye bölünmüş
- 4 dilim kırmızı soğan
- 4 dilim domates
- 4 tam buğday ekmeği, kızartılmış
- 2 yemek kaşığı zeytinyağı
- ¼ çay kaşığı acı biber, isteğe bağlı
- 1 diş sarımsak, kıyılmış
- 1 yemek kaşığı şeker
- ½ bardak su
- 1/3 su bardağı balzamik sirke
- Çapı yaklaşık 5 santimetre olan 4 büyük Portobello mantarı kapağı

Başlıklar:

Mantarların saplarını çıkarın ve nemli bir bezle silin. Solungaçları yukarı bakacak şekilde bir fırın tepsisine yerleştirin.

Bir kapta zeytinyağı, kırmızı biber, sarımsak, şeker, su ve sirkeyi iyice karıştırın. Mantarların üzerine dökün ve mantarları buzdolabında en az bir saat marine edin.

Yaklaşık bir saat geçtikten sonra ızgarayı orta-yüksek ateşte önceden ısıtın ve ızgara ızgarasını yağlayın.

Mantarların her iki tarafını da beş dakika veya yumuşayana kadar ızgarada pişirin. Mantarların kurumaması için marine sosunu mantarların üzerine dökün.

Birleştirmek için, çöreğin yarısını bir tabağa koyun, üstüne bir dilim soğan, mantar, domates ve marul ekleyin. Çöreğin diğer üst yarısını örtün. İşlemi diğer malzemelerle tekrarlayın, servis yapın ve keyfini çıkarın.

Besin değeri (100 g başına):244 kalori 9,3 gr yağ 32 gr karbonhidrat 8,1 gr protein 693 mg sodyum

Akdeniz Baba Ganuş

Hazırlama süresi: 10 dakika.

Yemek zamanı: 25 dakika

Yemekler: 4

Zorluk seviyesi: orta

Malzemeler:

- 1 diş sarımsak
- 1 kırmızı biber, ikiye bölünmüş ve çekirdekleri çıkarılmış
- 1 yemek kaşığı doğranmış taze fesleğen
- 1 yemek kaşığı zeytinyağı
- 1 çay kaşığı karabiber
- 2 patlıcan, uzunlamasına kesilmiş
- 2 tur hamur işi veya turta
- 1 limonun suyu

Başlıklar:

Izgara ızgarasını pişirme spreyi ile kaplayın ve ızgarayı orta-yüksek ateşte önceden ısıtın.

Sarımsakların üst kısmını kesip alüminyum folyoya sarın. Izgaranın en soğuk yerine yerleştirin ve en az 20 dakika pişirin. Biber ve patlıcan dilimlerini ızgaranın en sıcak kısmına yerleştirin. Her iki tarafını da pişirin.

Ampuller hazır olduğunda, kavrulmuş sarımsağın kabuğunu çıkarın ve kabuğu bir mutfak robotuna yerleştirin. Zeytinyağı, kırmızı biber, fesleğen, limon suyu, közlenmiş kırmızı biber ve közlenmiş patlıcanı ekleyin. Karıştırıp bir kaseye dökün.

Ekmeğin her iki tarafının da ısınması için en az 30 saniye ızgarada pişirin. Ekmeği püre sosla servis edin ve keyfini çıkarın.

Besin değeri (100 g başına):231,6 kalori 4,8 gr yağ 36,3 gr karbonhidrat 6,3 gr protein 593 mg sodyum

Fas tagine sebzeli

Hazırlama süresi: 20 dakika.

Yemek zamanı: 40 dakika

Yemekler: 2

Zorluk seviyesi: orta

Malzemeler:

- 2 yemek kaşığı zeytinyağı
- ½ doğranmış soğan
- 1 diş sarımsak, kıyılmış
- 2 su bardağı karnabahar çiçeği
- 1 orta boy havuç, 1 inçlik parçalar halinde kesilmiş
- 1 su bardağı doğranmış patlıcan
- 1 kutu bütün domates suyuyla birlikte
- 1 kutu (15 oz/425 g) nohut
- 2 küçük kırmızı patates
- 1 bardak su
- 1 çay kaşığı saf akçaağaç şurubu
- ½ çay kaşığı tarçın
- ½ çay kaşığı zerdeçal
- 1 çay kaşığı kimyon
- ½ çay kaşığı tuz
- 1 ila 2 çay kaşığı harissa ezmesi

Başlıklar:

Zeytinyağını bir tencerede orta-yüksek ateşte ısıtın. Soğanı ara sıra karıştırarak 5 dakika veya soğan yarı saydam hale gelinceye kadar kızartın.

Sarımsak, karnabahar çiçeği, havuç, patlıcan, domates ve patatesi ekleyin. Domatesleri tahta kaşıkla küçük parçalar halinde ezin.

Nohut, su, akçaağaç şurubu, tarçın, zerdeçal, kimyon ve tuzu ekleyin ve birleştirmek için karıştırın. kaynamaya bırak

Bittiğinde, ısıyı orta-düşük seviyeye düşürün. Harissa ezmesini ekleyin, kapağını kapatın ve yaklaşık 40 dakika veya sebzeler yumuşayana kadar pişirin. Gerekirse baharatı tadın ve ayarlayın. Servis yapmadan önce dinlenmeye bırakın.

Besin değeri (100 g başına):293 kalori 9,9 gr yağ 12,1 gr karbonhidrat 11,2 gr protein 811 mg sodyum

Nohut ve kereviz salatası sosu

Hazırlama süresi: 10 dakika.

Yemek zamanı: 0 dakika

Yemekler: 4

Zorluk seviyesi: Kolay

Malzemeler:

- 1 kutu (15 ons / 425 g) düşük sodyumlu nohut
- 1 kereviz sapı, ince dilimlenmiş
- 2 yemek kaşığı ince doğranmış kırmızı soğan
- 2 yemek kaşığı tuzsuz tahin
- 3 yemek kaşığı ballı hardal
- 1 yemek kaşığı kapari, süzülmemiş
- 12 yaprak tereyağlı marul

Başlıklar:

Bir kapta nohutları patates eziciyle veya çatalın arkasıyla neredeyse pürüzsüz hale gelinceye kadar ezin. Bir kaseye yeşil soğan, kırmızı soğan, tahin, hardal ve kapari ekleyin ve iyice karışana kadar karıştırın.

Her porsiyon için, üst üste gelen üç marul yaprağını bir tabağa koyun ve üzerine humus dolgusunun ¼'ünü dökün ve ardından yuvarlayın. Kalan marul yaprakları ve nohut karışımıyla aynı işlemi tekrarlayın.

Besin değeri (100 g başına):182 kalori 7,1 gr yağ 3 gr karbonhidrat 10,3 gr protein 743 mg sodyum

Izgara sebze şişleri

Hazırlama süresi: 15 dakika.

Yemek zamanı: 10 dakika

Yemekler: 4

Zorluk seviyesi: Kolay

Malzemeler:

- 4 orta boy kırmızı soğan, soyulmuş ve 6 dilime kesilmiş
- 4 adet orta boy kabak, 1 cm kalınlığında dilimler halinde kesilmiş
- 2 biftek domates, dörde bölünmüş
- 4 kırmızı biber
- 2 adet turuncu biber
- 2 sarı biber
- 2 yemek kaşığı artı 1 çay kaşığı zeytinyağı

Başlıklar:

Izgarayı orta-yüksek ateşte ısıtın. Sebzeleri dönüşümlü olarak kırmızı soğan, kabak, domates ve farklı renkteki biberlerin üzerine şişleyin. 2 yemek kaşığı zeytinyağı ile yayın.

Izgara ızgaralarını 1 tatlı kaşığı zeytinyağı ile yağlayın ve sebze şişlerini 5 dakika kadar kızartın. Şişleri çevirin ve 5 dakika daha veya istediğiniz kıvama gelinceye kadar ızgarada pişirin. Servis yapmadan önce şişleri 5 dakika soğumaya bırakın.

Besin değeri (100 g başına):115 kalori 3 gr yağ 4,7 gr karbonhidrat 3,5 gr protein 647 mg sodyum

Domates ile doldurulmuş Portobello mantarları

Hazırlama süresi: 10 dakika.

Yemek zamanı: 15 dakika

Yemekler: 4

Zorluk seviyesi: orta

Malzemeler:

- 4 büyük kapak portobello mantarı
- 3 yemek kaşığı sızma zeytinyağı
- Tatmak için tuz ve karabiber
- 4 adet güneşte kurutulmuş domates
- 1 su bardağı rendelenmiş mozzarella peyniri, bölünmüş
- ½ ila ¾ bardak düşük sodyumlu domates sosu

Başlıklar:

Izgarayı yüksek sıcaklığa kadar önceden ısıtın. Mantar kapaklarını bir fırın tepsisine yerleştirin ve üzerine zeytinyağı gezdirin. Tuz ve karabiber serpin. Mantar kapaklarını yarıya kadar çevirerek, üstleri altın rengi oluncaya kadar 10 dakika kızartın.

Izgaradan çıkarın. Her mantar kapağına 1 domates, 2 yemek kaşığı peynir ve 2 ila 3 yemek kaşığı sos dökün. Mantar kapaklarını ızgaraya geri koyun ve 2 ila 3 dakika ızgaraya devam edin. Servis yapmadan önce 5 dakika soğumaya bırakın.

Besin değeri (100 g başına):217 kalori 15,8 gr yağ 9 gr karbonhidrat 11,2 gr protein 793 mg sodyum

Tatlı soğanlı solmuş karahindiba yaprakları

Hazırlama süresi: 15 dakika.

Yemek zamanı: 15 dakika

Yemekler: 4

Zorluk seviyesi: Kolay

Malzemeler:

- 1 yemek kaşığı sızma zeytinyağı
- 2 diş sarımsak, doğranmış
- 1 Vidalia soğanı, ince dilimlenmiş
- ½ bardak düşük sodyumlu sebze suyu
- 2 demet karahindiba yaprağı, doğranmış
- Tatmak için taze çekilmiş karabiber

Başlıklar:

Zeytinyağını büyük bir tavada kısık ateşte ısıtın. Sarımsak ve soğanı ekleyin ve ara sıra karıştırarak 2 ila 3 dakika veya soğan yarı saydam oluncaya kadar pişirin.

Sebze suyunu ve karahindiba yeşilliklerini karıştırın ve sık sık karıştırarak yumuşayana kadar 5 ila 7 dakika pişirin. Üzerine karabiber serpip sıcak tabakta servis yapın.

Besin değeri (100 g başına):81 kalori 3,9 gr yağ 4 gr karbonhidrat 3,2 gr protein 693 mg sodyum

Yeşiller ve hardal yeşillikleri

Hazırlama süresi: 10 dakika.

Yemek zamanı: 15 dakika

Yemekler: 4

Zorluk seviyesi: orta

Malzemeler:

- ½ bardak düşük sodyumlu sebze suyu
- 1 kereviz sapı, kabaca doğranmış
- ½ doğranmış tatlı soğan
- ½ büyük kırmızı biber, ince dilimlenmiş
- 2 diş sarımsak, doğranmış
- 1 demet hardal yeşillikleri, doğranmış

Başlıklar:

Sebze suyunu büyük bir dökme demir tavaya dökün ve orta ateşte kaynatın. Kereviz, soğan, dolmalık biber ve sarımsak ekleyin. Yaklaşık 3 ila 5 dakika kadar ağzı açık pişirin.

Hardal yeşilliklerini tavaya ekleyin ve iyice karıştırın. Isıyı azaltın ve sıvı buharlaşıncaya ve sebzeler yumuşayana kadar pişirin. Ateşten alın ve sıcak olarak servis yapın.

Besin değeri (100 g başına):39 kalori 3,1 gr protein 6,8 gr karbonhidrat 3 gr protein 736 mg sodyum

Sebze-tofu içeceği

Hazırlama süresi: 5 dakika.

Yemek zamanı: 10 dakika

Yemekler: 2

Zorluk seviyesi: Kolay

Malzemeler:

- 2 yemek kaşığı sızma zeytinyağı
- ½ kırmızı soğan, ince doğranmış
- 1 su bardağı kıyılmış lahana
- 8 ons (227 g) dilimlenmiş mantar
- 8 ons (227 g) tofu, parçalar halinde kesilmiş
- 2 diş sarımsak, doğranmış
- 1 tutam kırmızı biber gevreği
- ½ çay kaşığı deniz tuzu
- 1/8 çay kaşığı taze çekilmiş karabiber

Başlıklar:

Zeytinyağını orta yapışmaz bir tavada orta-yüksek ateşte parıldayana kadar ısıtın. Tavaya soğan, lahana ve mantarları ekleyin. Ara sıra veya sebzeler kahverengileşene kadar pişirin ve karıştırın.

Tofu ekleyin ve yumuşayana kadar 3 ila 4 dakika karıştırarak kızartın. Sarımsak, pul biber, tuz ve karabiberi ekleyip 30 saniye pişirin. Servis yapmadan önce dinlenmeye bırakın.

Besin değeri (100 g başına):233 kalori 15,9 gr yağ 2 gr karbonhidrat 13,4 gr protein 733 mg sodyum

Basit Zoodle'lar

Hazırlama süresi: 10 dakika.

Yemek zamanı: 5 dakika

Yemekler: 2

Zorluk seviyesi: Kolay

Malzemeler:

- 2 yemek kaşığı avokado yağı
- 2 orta boy kabak, spiral şeklinde
- ¼ çay kaşığı tuz
- Tatmak için taze çekilmiş karabiber

Başlıklar:

Avokado yağını büyük bir tavada orta ateşte parıldayana kadar ısıtın. Kabaklı erişteleri, tuzu ve karabiberi tavaya ekleyin ve kaplayın. Sürekli karıştırarak yumuşayana kadar pişirin. Sıcak servis yapın.

Besin değeri (100 g başına):128 kalori 14 gr yağ 0,3 gr karbonhidrat 0,3 gr protein 811 mg sodyum

Mercimek ve domates filizlerinden yapılan sarmalar

Hazırlama süresi: 15 dakika.

Yemek zamanı: 0 dakika

Yemekler: 4

Zorluk seviyesi: Kolay

Malzemeler:

- 2 su bardağı pişmiş mercimek
- 5 adet Roma domatesi, doğranmış
- ½ su bardağı ufalanmış beyaz peynir
- 10 büyük taze fesleğen yaprağı, ince dilimlenmiş
- ¼ bardak sızma zeytinyağı
- 1 yemek kaşığı balzamik sirke
- 2 diş sarımsak, doğranmış
- ½ çay kaşığı çiğ bal
- ½ çay kaşığı tuz
- ¼ çay kaşığı taze çekilmiş karabiber
- 4 büyük lahana yaprağı, saplarını çıkarın

Başlıklar:

Mercimek, domates, peynir, fesleğen yaprağı, zeytinyağı, sirke, sarımsak, bal, tuz ve karabiberi karıştırıp iyice karıştırın.

Lahana yapraklarını düz bir çalışma yüzeyine yerleştirin. Yaprakların kenarlarına eşit miktarda mercimek karışımından dökün. Rulo yapıp ikiye bölerek servis yapın.

Besin değeri (100 g başına):318 kalori 17,6 gr yağ 27,5 gr karbonhidrat 13,2 gr protein 800 mg sodyum

Akdeniz sebze kasesi

Hazırlama süresi: 10 dakika.

Yemek zamanı: 20 dakika

Yemekler: 4

Zorluk seviyesi: orta

Malzemeler:

- 2 bardak su
- 1 su bardağı #3 bulgur veya kinoa, yıkanmış
- 1½ çay kaşığı tuz, bölünmüş
- 1 pint (2 su bardağı) kiraz domates, yarıya bölünmüş
- 1 büyük dolmalık biber, doğranmış
- 1 büyük salatalık, doğranmış
- 1 su bardağı Kalamata zeytini
- ½ su bardağı taze sıkılmış limon suyu
- 1 su bardağı sızma zeytinyağı
- ½ çay kaşığı taze çekilmiş karabiber

Başlıklar:

Orta boy bir tencerede orta ateşte suyu kaynatın. Bulguru (veya kinoayı) ve 1 çay kaşığı tuzu ekleyin. Örtün ve 15 ila 20 dakika pişirin.

Sebzeleri 4 kasenize yerleştirmek için her kaseyi görsel olarak 5 bölüme ayırın. Pişen bulguru bir bölmeye yerleştirin. Domates, biber, salatalık ve zeytinle devam edin.

Limon suyu, zeytinyağı, kalan ½ çay kaşığı tuz ve karabiberi karıştırın.

Sosu 4 kasenin üzerine eşit şekilde dökün. Hemen servis yapın veya üzerini kapatıp daha sonra kullanmak üzere buzdolabında saklayın.

Besin değeri (100 g başına):772 kalori 9 gr yağ 6 gr protein 41 gr karbonhidrat 944 mg sodyum

Fırında sebze ve humus sarma

Hazırlama süresi: 15 dakika.

Yemek zamanı: 10 dakika

Yemekler: 6

Zorluk seviyesi: orta

Malzemeler:

- 1 büyük patlıcan
- 1 büyük soğan
- ½ su bardağı sızma zeytinyağı
- 1 çay kaşığı tuz
- 6 rulo lavaş veya büyük pide ekmeği
- 1 bardak kremalı geleneksel humus

Başlıklar:

Bir ızgarayı, büyük ızgara tavasını veya hafifçe yağlanmış büyük tavayı orta ateşte önceden ısıtın. Patlıcan ve soğanı halkalar halinde kesin. Sebzeleri zeytinyağıyla fırçalayın ve tuz serpin.

Sebzelerin her iki tarafını da yaklaşık 3-4 dakika kadar pişirin. Sarma için lavaş veya turtayı düz bir şekilde yerleştirin. Sargının üzerine yaklaşık 2 yemek kaşığı humus koyun.

Sebzeleri sargıların bir tarafına yerleştirerek sargıların arasına eşit şekilde dağıtın. Sebze ambalajının kenarını yavaşça katlayın, yuvarlayın ve sıkı bir ambalaj yapın.

Sargının dikiş tarafını aşağı bakacak şekilde yerleştirin ve yarım veya üçe bölün.

Ayrıca her sandviçi şeklini korumak için plastik ambalaja sarabilir ve daha sonra yiyebilirsiniz.

Besin değeri (100 g başına):362 kalori 10 gr yağ 28 gr karbonhidrat 15 gr protein 736 mg sodyum

İspanyol yeşil fasulyesi

Hazırlama süresi: 10 dakika.

Yemek zamanı: 20 dakika

Yemekler: 4

Zorluk seviyesi: Kolay

Malzemeler:

- ¼ bardak sızma zeytinyağı
- 1 büyük soğan, doğranmış
- 4 diş sarımsak, ince doğranmış
- 1 pound yeşil fasulye, taze veya dondurulmuş, dilimlenmiş
- 1½ çay kaşığı tuz, bölünmüş
- 1 kutu (15 ons) doğranmış domates
- ½ çay kaşığı taze çekilmiş karabiber

Başlıklar:

Zeytinyağını, soğanı ve sarımsağı ısıtın; 1 dakika pişirin. Yeşil fasulyeleri 2 inçlik parçalar halinde kesin. Yeşil fasulyeleri ve 1 çay kaşığı tuzu tencereye ekleyip hepsini karıştırın; 3 dakika pişirin. Tencereye doğranmış domatesleri, kalan ½ çay kaşığı tuzu ve karabiberi ekleyin; Ara sıra karıştırarak 12 dakika daha pişirmeye devam edin. Sıcak servis yapın.

Besin değeri (100 g başına):200 kalori 12 gr yağ 18 gr karbonhidrat 4 gr protein 639 mg sodyum

Rustik karnabahar ve havuç karma

Hazırlama süresi: 10 dakika.

Yemek zamanı: 10 dakika

Yemekler: 4

Zorluk seviyesi: Kolay

Malzemeler:

- 3 yemek kaşığı sızma zeytinyağı
- 1 büyük soğan, doğranmış
- 1 yemek kaşığı kıyılmış sarımsak
- 2 su bardağı dilimlenmiş havuç
- 4 su bardağı yıkanmış karnabahar parçaları
- 1 çay kaşığı tuz
- ½ çay kaşığı öğütülmüş kimyon

Başlıklar:

Zeytinyağı, soğan, sarımsak ve havuçları 3 dakika kavurun. Karnabaharı 1 inçlik veya ısırık büyüklüğünde parçalar halinde kesin. Karnabaharı, tuzu ve kimyonu tavaya ekleyin ve havuç ve soğanla birleştirmek için karıştırın.

Kapağını kapatıp 3 dakika pişirin. Sebzeleri ekleyin ve 3-4 dakika daha pişirmeye devam edin. Sıcak servis yapın.

Besin değeri (100 g başına):159 kalori 17 gr yağ 15 gr karbonhidrat 3 gr protein 569 mg sodyum

Fırında karnabahar ve domates

Hazırlama süresi: 5 dakika.

Yemek zamanı: 25 dakika

Yemekler: 4

Zorluk seviyesi: orta

Malzemeler:

- 4 bardak karnabahar, 1 inçlik parçalar halinde kesilmiş
- 6 yemek kaşığı sızma zeytinyağı, bölünmüş
- 1 çay kaşığı tuz, bölünmüş
- 4 su bardağı kiraz domates
- ½ çay kaşığı taze çekilmiş karabiber
- ½ su bardağı rendelenmiş Parmesan

Başlıklar:

Fırını önceden 425° F'ye ısıtın. Büyük bir kaseye karnabaharı, 3 yemek kaşığı zeytinyağını ve ½ çay kaşığı tuzu ekleyin ve eşit şekilde kaplayacak şekilde karıştırın. Fırın tepsisine eşit bir tabaka halinde yerleştirin.

Başka bir büyük kaseye domatesleri, kalan 3 yemek kaşığı zeytinyağını ve ½ çay kaşığı tuzu ekleyin ve eşit şekilde kaplayın. Başka bir fırın tepsisine dökün. Karnabaharı ve domates yapraklarını, karnabahar hafifçe kızarıncaya ve domatesler dolgunlaşıncaya kadar 17 ila 20 dakika kavurmak için fırına yerleştirin.

Spatula kullanarak karnabaharı servis tabağına alın ve üzerine domates, karabiber ve Parmesan peynirini serpin. Sıcak servis yapın.

Besin değeri (100 g başına):294 kalori 14 gr yağ 13 gr karbonhidrat 9 gr protein 493 mg sodyum

Kavrulmuş meşe palamudu kabak

Hazırlama süresi: 10 dakika.

Yemek zamanı: 35 dakika

Yemekler: 6

Zorluk seviyesi: orta

Malzemeler:

- 2 kabak, orta ila büyük
- 2 yemek kaşığı sızma zeytinyağı
- 1 çay kaşığı tuz artı baharat için daha fazlası
- 5 yemek kaşığı tuzsuz tereyağı
- ¼ bardak kıyılmış adaçayı yaprağı
- 2 yemek kaşığı taze kekik yaprağı
- ½ çay kaşığı taze çekilmiş karabiber

Başlıklar:

Fırını önceden 400° F'ye ısıtın. Meşe palamudu kabaklarını uzunlamasına ikiye bölün. Tohumları kazıyın ve yatay olarak ¾ inç kalınlığında dilimler halinde kesin. Büyük bir kapta kabakları zeytinyağıyla karıştırın, üzerine tuz serpin ve kaplayın.

Meşe palamudu kabaklarını bir fırın tepsisine yerleştirin. Fırında bir fırın tepsisine yerleştirin ve balkabağını 20 dakika pişirin. Balkabağını bir spatula ile çevirin ve 15 dakika daha pişirin.

Orta ateşte orta boy bir tencerede tereyağını yumuşatın. Eritilmiş tereyağına adaçayı ve kekiği ekleyip 30 saniye pişmeye bırakın.

Pişen kabak dilimlerini tabağa dizin. Tereyağı / bitki karışımını balkabağının üzerine dökün. Tuz ve karabiber ile tatlandırın. Sıcak servis yapın.

Besin değeri (100 g başına):188 kalori 13 gr yağ 16 gr karbonhidrat 1 gr protein 836 mg sodyum

Sarımsaklı kavrulmuş ıspanak

Hazırlama süresi: 5 dakika.

Yemek zamanı: 10 dakika

Yemekler: 4

Zorluk seviyesi: Kolay

Malzemeler:

- ¼ bardak sızma zeytinyağı
- 1 büyük soğan, ince dilimlenmiş
- 3 diş sarımsak, doğranmış
- 6 poşet (1 pound) yıkanmış bebek ıspanak
- ½ çay kaşığı tuz
- 1 limon dilimler halinde kesilmiş

Başlıklar:

Zeytinyağını, soğanı ve sarımsağı büyük bir tencerede orta ateşte 2 dakika pişirin. Ispanak torbasını ve ½ çay kaşığı tuzu ekleyin. Tavayı kapatın ve ıspanakları 30 saniye bekletin. Bir seferde 1 torba ıspanak ekleyerek tekrarlayın (tuzu atlayın).

Ispanakların tamamını ekledikten sonra kapağını açın ve nemin bir kısmının buharlaşması için 3 dakika pişirin. Üzerine limon kabuğu rendesi serperek sıcak servis yapın.

Besin değeri (100 g başına):301 kalori 12 gr yağ 29 gr karbonhidrat 17 gr protein 639 mg sodyum

Sarımsak ve nane ile haşlanmış kabak

Hazırlama süresi: 5 dakika.

Yemek zamanı: 10 dakika

Yemekler: 4

Zorluk seviyesi: Kolay

Malzemeler:

- 3 adet büyük yeşil kabak
- 3 yemek kaşığı sızma zeytinyağı
- 1 büyük soğan, doğranmış
- 3 diş sarımsak, doğranmış
- 1 çay kaşığı tuz
- 1 çay kaşığı kuru nane

Başlıklar:

Kabağı yarım santimlik küpler halinde kesin. Zeytinyağını, soğanı ve sarımsağı sürekli karıştırarak 3 dakika kavurun.

Kabağı ve tuzu tavaya ekleyip soğan ve sarımsakla karıştırıp 5 dakika pişirin. Naneyi tavaya ekleyin ve birleştirmek için karıştırın. 2 dakika daha pişirin. Sıcak servis yapın.

Besin değeri (100 g başına):147 kalori 16 gr yağ 12 gr karbonhidrat 4 gr protein 723 mg sodyum

Haşlanmış bamya

Hazırlama süresi: 55 dakika

Yemek zamanı: 25 dakika

Yemekler: 4

Zorluk seviyesi: Kolay

Malzemeler:

- ¼ bardak sızma zeytinyağı
- 1 büyük soğan, doğranmış
- 4 diş sarımsak, ince doğranmış
- 1 çay kaşığı tuz
- 1 pound taze veya dondurulmuş bamya, soyulmuş
- 1 kutu (15 ons) doğal domates sosu
- 2 bardak su
- ½ bardak taze kişniş, ince doğranmış
- ½ çay kaşığı taze çekilmiş karabiber

Başlıklar:

Zeytinyağı, soğan, sarımsak ve tuzu karıştırıp 1 dakika kadar kavurun. Bamyayı ekleyip 3 dakika pişirin.

Domates sosu, su, kişniş ve karabiberi ekleyin; Karıştırın, örtün ve ara sıra karıştırarak 15 dakika pişirin. Sıcak servis yapın.

Besin değeri (100 g başına):201 kalori 6 gr yağ 18 gr karbonhidrat 4 gr protein 693 mg sodyum

Tatlı sebzelerle doldurulmuş biber

Hazırlama süresi: 20 dakika.

Yemek zamanı: 30 dakika

Yemekler: 6

Zorluk seviyesi: orta

Malzemeler:

- 6 adet farklı renkte büyük biber
- 3 yemek kaşığı sızma zeytinyağı
- 1 büyük soğan, doğranmış
- 3 diş sarımsak, doğranmış
- 1 doğranmış havuç
- 1 kutu (16 ons) nohut, durulanmış ve süzülmüş
- 3 su bardağı pişmiş pirinç
- 1½ çay kaşığı tuz
- ½ çay kaşığı taze çekilmiş karabiber

Başlıklar:

Fırını önceden 350° F'ye ısıtın. Dik durabilen biberleri seçtiğinizden emin olun. Biberin kapağını kesin ve çekirdeklerini çıkarın, kapağını daha sonra kullanmak üzere saklayın. Biberleri fırın tepsisine dizin.

Zeytinyağı, soğan, sarımsak ve havuçları 3 dakika ısıtın. Nohut ekleyin. 3 dakika daha pişirin. Tavayı ocaktan alın ve pişen malzemeleri geniş bir kaseye dökün. Pirinç, tuz ve karabiber ekleyin; birleştirmek için karıştırın.

Her bir biberi en üste doldurun ve ardından biber kapaklarını değiştirin. Fırın tepsisini alüminyum folyo ile kaplayın ve 25 dakika pişirin. Folyoyu çıkarın ve 5 dakika daha pişirin. Sıcak servis yapın.

Besin değeri (100 g başına):301 kalori 15 gr yağ 50 gr karbonhidrat 8 gr protein 803 mg sodyum

Patlıcan musakka

Hazırlama süresi: 55 dakika

Yemek zamanı: 40 dakika

Yemekler: 6

Zorluk seviyesi: zor

Malzemeler:

- 2 büyük patlıcan
- 2 çay kaşığı tuz, bölünmüş
- zeytin yağı spreyi
- ¼ bardak sızma zeytinyağı
- 2 büyük soğan, dilimlenmiş
- 10 diş sarımsak, dilimlenmiş
- 2 (15 ons) kutu doğranmış domates
- 1 kutu (16 ons) nohut, durulanmış ve süzülmüş
- 1 çay kaşığı kurutulmuş kekik
- ½ çay kaşığı taze çekilmiş karabiber

Başlıklar:

Patlıcanları yatay olarak yarım santim kalınlığında dilimleyin. Patlıcan dilimlerini 1 çay kaşığı tuzla serpin ve 30 dakika boyunca bir kevgir içinde bekletin.

Fırını önceden 450° F'ye ısıtın. Patlıcan dilimlerini kağıt havluyla kurulayın ve her iki tarafına da zeytinyağı spreyi sıkın veya her iki tarafını da hafifçe zeytinyağıyla fırçalayın.

Patlıcanları fırın tepsisine tek sıra halinde dizin. Fırına koyun ve 10 dakika pişirin. Daha sonra dilimleri bir spatula ile ters çevirin ve 10 dakika daha pişirin.

Zeytinyağı, soğan, sarımsak ve kalan çay kaşığı tuzu kavurun. Ara sıra karıştırarak 5 dakika pişirin. Domates, nohut, kekik ve karabiberi ekleyin. Ara sıra karıştırarak 12 dakika pişirin.

Derin bir pişirme kabı kullanarak patlıcandan başlayıp sosa kadar katmanlamaya başlayın. Tüm malzemeler kullanılıncaya kadar tekrarlayın. Fırında 20 dakika pişirin. Fırından çıkarıp sıcak olarak servis yapın.

Besin değeri (100 g başına):262 kalori 11 gr yağ 35 gr karbonhidrat 8 gr protein 723 mg sodyum

Üzüm yaprakları sebze ile doldurulmuş

Hazırlama süresi: 50 dakika.

Yemek zamanı: 45 dakika

Yemekler: 8

Zorluk seviyesi: orta

Malzemeler:

- 2 su bardağı beyaz pirinç, yıkanmış
- 2 büyük domates, ince doğranmış
- 1 büyük soğan, ince doğranmış
- 1 ince doğranmış yeşil soğan
- 1 su bardağı taze İtalyan maydanozu, ince doğranmış
- 3 diş sarımsak, doğranmış
- 2½ çay kaşığı tuz
- ½ çay kaşığı taze çekilmiş karabiber
- 1 bardak (16 ons) üzüm yaprağı
- 1 bardak limon suyu
- ½ su bardağı sızma zeytinyağı
- 4 ila 6 bardak su

Başlıklar:

Pirinç, domates, soğan, yeşil soğan, maydanoz, sarımsak, tuz ve karabiberi karıştırın. Üzüm yapraklarını süzüp durulayın. Dibine bir kat asma yaprağı koyarak geniş bir tencere hazırlayın. Her yaprağı düz bir şekilde yatırın ve saplarını kesin.

Her yaprağın altına 2 yemek kaşığı pirinç karışımını koyun. Yanları katlayın ve mümkün olduğunca sıkı bir şekilde yuvarlayın. Sarılmış üzüm yapraklarını, her sarılmış üzüm yaprağını hizalayarak tencereye yerleştirin. Sarılmış üzüm yapraklarını yüklemeye devam edin.

Limon suyunu ve zeytinyağını asma yapraklarının üzerine yavaşça dökün ve üzüm yapraklarını 1 cm kaplayacak kadar su ekleyin. Asma yapraklarının üzerine tencerenin ağzından daha küçük, ağır bir tabağı ters olarak yerleştirin. Tencerenin kapağını kapatın ve yaprakları orta-düşük ateşte 45 dakika pişirin. Servis yapmadan önce 20 dakika dinlendirin. Sıcak veya soğuk servis yapın.

Besin değeri (100 g başına):532 kalori 15 gr yağ 80 gr karbonhidrat 12 gr protein 904 mg sodyum

Izgara patlıcan ruloları

Hazırlama süresi: 30 dakika.

Yemek zamanı: 10 dakika

Yemekler: 6

Zorluk seviyesi: orta

Malzemeler:

- 2 büyük patlıcan
- 1 çay kaşığı tuz
- 4 ons keçi peyniri
- 1 bardak ricotta
- ¼ bardak taze fesleğen, ince doğranmış
- ½ çay kaşığı taze çekilmiş karabiber
- zeytin yağı spreyi

Başlıklar:

Patlıcanların üst kısımlarını kesip uzunlamasına ¼ cm kalınlığında dilimler halinde kesin. Dilimlere tuz serpin ve patlıcanları bir kevgir içinde 15 ila 20 dakika bekletin.

Keçi peyniri, ricotta, fesleğen ve biberi çırpın. Izgarayı, ızgara tavasını veya hafifçe yağlanmış tavayı orta ateşte ısıtın. Patlıcan dilimlerini kurulayın ve hafifçe zeytinyağı püskürtün. Patlıcanları ızgaraya, tavaya veya tavaya yerleştirin ve her iki tarafını da 3 dakika pişirin.

Patlıcanları ocaktan alıp 5 dakika soğumaya bırakın. Rulo için, bir dilim patlıcanı düz bir şekilde yerleştirin, dilimin altına bir kaşık dolusu peynirli karışımdan koyun ve yuvarlayın. Hemen servis yapın veya servis yapana kadar buzdolabında saklayın.

Besin değeri (100 g başına):255 kalori 7 gr yağ 19 gr karbonhidrat 15 gr protein 793 mg sodyum

Çıtır kabaklı börek

Hazırlama süresi: 15 dakika.

Yemek zamanı: 20 dakika

Yemekler: 6

Zorluk seviyesi: Kolay

Malzemeler:

- 2 adet büyük yeşil kabak
- 2 yemek kaşığı İtalyan maydanozu, ince doğranmış
- 3 diş sarımsak, doğranmış
- 1 çay kaşığı tuz
- 1 su bardağı un
- 1 büyük yumurta, dövülmüş
- ½ bardak su
- 1 çay kaşığı kabartma tozu
- 3 su bardağı bitkisel veya avokado yağı

Başlıklar:

Kabağı geniş bir kaseye rendeleyin. Bir kaseye maydanoz, sarımsak, tuz, un, yumurta, su ve kabartma tozunu ekleyip karıştırın. Yağı büyük bir tencerede veya fritözde orta ateşte 365°F'ye ısıtın.

Hamuru sıcak yağın içine kaşıkla dökün. Delikli bir kaşıkla börekleri ters çevirin ve 2 ila 3 dakika altın rengi kahverengi olana kadar kızartın. Börekleri yağdan arındırıp kağıt havlu serili bir tabağa dizin. Kremalı Tzatziki veya kremalı geleneksel humusla sos olarak sıcak servis yapın.

Besin değeri (100 g başına):446 kalori 2 gr yağ 19 gr karbonhidrat 5 gr protein 812 mg sodyum

Peynirli ıspanaklı börek

Hazırlama süresi: 20 dakika.

Yemek zamanı: 40 dakika

Yemekler: 8

Zorluk seviyesi: zor

Malzemeler:

- 2 yemek kaşığı sızma zeytinyağı
- 1 büyük soğan, doğranmış
- 2 diş sarımsak, doğranmış
- 3 torba (1 pound) yıkanmış bebek ıspanak
- 1 su bardağı beyaz peynir
- 1 büyük yumurta, dövülmüş
- puf böreği yaprakları

Başlıklar:

Fırını önceden 375° F'ye ısıtın. Zeytinyağını, soğanı ve sarımsağı 3 dakika ısıtın. Ispanakları teker teker tavaya ekleyin ve her poşetin arasında solması sağlayın. Maşa ile karıştırın. 4 dakika pişirin. Ispanak pişince fazla sıvıyı tavadan boşaltın.

Geniş bir kapta beyaz peyniri, yumurtayı ve pişmiş ıspanağı karıştırın. Milföy hamurunu tezgahın üzerine yerleştirin. Hamuru 3 inçlik karelere kesin. Milföy hamuru karesinin ortasına bir kaşık ıspanaklı karışımdan koyun. Bir üçgen oluşturmak için karenin bir köşesini çapraz köşeye katlayın. Kekin kenarlarını çatalın uçlarıyla bastırarak kesin. Tüm kareler dolana kadar işlemi tekrarlayın.

Turtaları parşömen kaplı bir fırın tepsisine yerleştirin ve 25 ila 30 dakika veya altın kahverengi olana kadar pişirin. Sıcak veya oda sıcaklığında servis yapın.

Besin değeri (100 g başına):503 kalori 6 gr yağ 38 gr karbonhidrat 16 gr protein 836 mg sodyum

Salatalık ısırıkları

Hazırlama süresi: 5 dakika.

Yemek zamanı: 0 dakika

Yemekler: 12

Zorluk seviyesi: Kolay

Malzemeler:

- 1 dilimlenmiş salatalık
- 8 dilim tam buğday ekmeği
- 2 yemek kaşığı krem peynir, yumuşak
- 1 yemek kaşığı doğranmış frenk soğanı
- ¼ bardak avokado, soyulmuş, çekirdeği çıkarılmış ve püre haline getirilmiş
- 1 çay kaşığı hardal
- Tatmak için tuz ve karabiber

Başlıklar:

Püreyi her bir ekmek diliminin üzerine sürün ve salatalık dilimleri dışındaki diğer malzemeleri de üzerine yayın.

Salatalık dilimlerini ekmek dilimlerinin arasına paylaştırın, her dilimi üçe bölün, bir tabağa dizin ve meze olarak servis yapın.

Besin değeri (100 g başına):187 kalori 12,4 gr yağ 4,5 gr karbonhidrat 8,2 gr protein 736 mg sodyum

yoğurt sosu

Hazırlama süresi: 10 dakika.

Yemek zamanı: 0 dakika

Yemekler: 6

Zorluk seviyesi: Kolay

Malzemeler:

- 2 bardak Yunan yoğurdu
- 2 yemek kaşığı kızarmış ve doğranmış fıstık
- Bir tutam tuz ve beyaz biber.
- 2 yemek kaşığı kıyılmış nane
- 1 yemek kaşığı Kalamata zeytini, çekirdekleri çıkarılmış ve dilimlenmiş
- ¼ fincan zaatar baharatı
- ¼ bardak nar taneleri
- 1/3 su bardağı zeytinyağı

Başlıklar:

Yoğurt, antep fıstığı ve diğer malzemelerle karıştırılıp iyice çırpılır, bardaklara paylaştırılır ve yanında pide ile servis edilir.

Besin değeri (100 g başına):294 kalori 18 gr yağ 2 gr karbonhidrat 10 gr protein 593 mg sodyum

domatesli tatlı

Hazırlama süresi: 10 dakika.

Yemek zamanı: 10 dakika

Yemekler: 6

Zorluk seviyesi: Kolay

Malzemeler:

- 1 baget, dilimlenmiş
- 1/3 su bardağı doğranmış fesleğen
- 6 adet doğranmış domates
- 2 diş sarımsak, doğranmış
- Bir tutam tuz ve karabiber.
- 1 çay kaşığı zeytinyağı
- 1 yemek kaşığı balzamik sirke
- ½ çay kaşığı sarımsak tozu
- pişirme spreyi

Başlıklar:

Baget dilimlerini pişirme kağıdıyla kaplı bir fırın tepsisine yerleştirin, pişirme spreyi ile yağlayın. 400 derecede 10 dakika pişirin.

Domatesleri fesleğen ve diğer malzemelerle karıştırın, iyice karıştırın ve 10 dakika bekletin. Domates karışımını her baget diliminin arasına paylaştırın, her şeyi bir tabağa koyun ve servis yapın.

Besin değeri (100 g başına):162 kalori 4 gr yağ 29 gr karbonhidrat 4 gr protein 736 mg sodyum

Zeytin ve peynirle doldurulmuş domates

Hazırlama süresi: 10 dakika.

Yemek zamanı: 0 dakika

Yemekler: 24

Zorluk seviyesi: Kolay

Malzemeler:

- 24 adet kiraz domates, üstleri kesilmiş ve içleri ayıklanmış
- 2 yemek kaşığı zeytinyağı
- ¼ çay kaşığı kırmızı biber
- ½ su bardağı beyaz peynir, ufalanmış
- 2 yemek kaşığı siyah zeytin ezmesi
- ¼ bardak nane, yırtılmış

Başlıklar:

Bir kapta zeytin ezmesini kiraz domates dışındaki diğer malzemelerle karıştırıp iyice karıştırın. Kiraz domatesleri bu karışımla doldurun, her şeyi bir tabağa yerleştirin ve meze olarak servis yapın.

Besin değeri (100 g başına):136 kalori 8,6 gr yağ 5,6 gr karbonhidrat 5,1 gr protein 648 mg sodyum

Biber kaseti

Hazırlama süresi: 10 dakika.

Yemek zamanı: 0 dakika

Yemekler: 4

Zorluk seviyesi: Kolay

Malzemeler:

- 7 ons kavrulmuş kırmızı biber, doğranmış
- ½ su bardağı rendelenmiş Parmesan
- 1/3 su bardağı kıyılmış maydanoz
- 14 ons konserve enginar, süzülmüş ve doğranmış
- 3 yemek kaşığı zeytinyağı
- ¼ bardak kapari, süzülmüş
- 1 ve ½ yemek kaşığı limon suyu
- 2 diş sarımsak, doğranmış

Başlıklar:

Bir karıştırıcıda kırmızı biberi Parmesan ve diğer malzemelerle karıştırıp iyice karıştırın. Bardaklara paylaştırıp atıştırmalık olarak servis yapın.

Besin değeri (100 g başına):200 kalori 5,6 gr yağ 12,4 gr karbonhidrat 4,6 gr protein 736 mg sodyum

Kişniş falafel

Hazırlama süresi: 10 dakika.

Yemek zamanı: 10 dakika

Yemekler: 8

Zorluk seviyesi: Kolay

Malzemeler:

- 1 su bardağı konserve nohut
- 1 demet maydanoz yaprağı
- 1 sarı soğan, doğranmış
- 5 diş sarımsak, kıyılmış
- 1 çay kaşığı öğütülmüş kişniş
- Bir tutam tuz ve karabiber.
- ¼ çay kaşığı acı biber
- ¼ çay kaşığı karbonat
- ¼ çay kaşığı kimyon tozu
- 1 çay kaşığı limon suyu.
- 3 yemek kaşığı tapyoka unu
- Kızartmak için zeytinyağı

Başlıklar:

Bir mutfak robotunda fasulyeleri maydanoz, soğan ve yağ ve un dışındaki diğer malzemelerle karıştırıp iyice karıştırın. Karışımı bir kaseye koyun, unu ekleyin, iyice karıştırın, bu karışımdan 16 top oluşturun ve hafifçe düzleştirin.

Tavayı orta ateşte ısıtın, falafelleri ekleyin, her iki tarafını da 5 dakika kızartın, kağıt havluların üzerine koyun, fazla yağını süzün, tabağa dizin ve meze olarak servis yapın.

Besin değeri (100 g başına):122 kalori 6,2 gr yağ 12,3 gr karbonhidrat 3,1 gr protein 699 mg sodyum

Kırmızı biberli humus

Hazırlama süresi: 10 dakika.

Yemek zamanı: 0 dakika

Yemekler: 6

Zorluk seviyesi: Kolay

Malzemeler:

- 6 ons kavrulmuş kırmızı biber, soyulmuş ve doğranmış
- 16 ons konserve nohut, süzülmüş ve yıkanmış
- ¼ fincan Yunan yoğurdu
- 3 yemek kaşığı tahin ezmesi
- 1 limonun suyu
- 3 diş sarımsak, doğranmış
- 1 yemek kaşığı zeytinyağı
- Bir tutam tuz ve karabiber.
- 1 yemek kaşığı kıyılmış maydanoz

Başlıklar:

Kırmızı biberi, yağ ve maydanoz hariç diğer malzemelerle mutfak robotunda karıştırıp iyice ezin. Yağı ekleyin, tekrar karıştırın, bardaklara bölün, üzerine maydanoz ekleyin ve parti sosu olarak servis yapın.

Besin değeri (100 g başına):255 kalori 11,4 gr yağ 17,4 gr karbonhidrat 6,5 gr protein 593 mg sodyum

Beyaz fasulye sosu

Hazırlama süresi: 10 dakika.

Yemek zamanı: 0 dakika

Yemekler: 4

Zorluk seviyesi: Kolay

Malzemeler:

- 15 ons konserve lacivert fasulye, süzülmüş ve durulanmış
- 6 ons konserve enginar kalbi, süzülmüş ve dörde bölünmüş
- 4 diş sarımsak, doğranmış
- 1 yemek kaşığı kıyılmış fesleğen
- 2 yemek kaşığı zeytinyağı
- ½ limon suyu
- ½ rendelenmiş limon kabuğu rendesi
- Tatmak için tuz ve karabiber

Başlıklar:

Bir mutfak robotunda fasulyeleri enginarlarla ve yağ ve baklagiller hariç diğer malzemelerle karıştırın. Yavaş yavaş yağı ekleyin, tekrar karıştırın, bardaklara bölün ve parti sosu olarak servis yapın.

Besin değeri (100 g başına):27 kalori 11,7 gr yağ 18,5 gr karbonhidrat 16,5 gr protein 668 mg sodyum

Kuzu kıymalı humus

Hazırlama süresi: 10 dakika.

Yemek zamanı: 15 dakika

Yemekler: 8

Zorluk seviyesi: Kolay

Malzemeler:

- 10 ons humus
- 12 ons öğütülmüş kuzu
- ½ bardak nar taneleri
- ¼ bardak kıyılmış maydanoz
- 1 yemek kaşığı zeytinyağı
- Servis için pide cipsi

Başlıklar:

Tavayı orta ateşte ısıtın, eti pişirin ve sık sık karıştırarak 15 dakika kızartın. Humus'u bir tabağa yayın, kuzu etinin üzerine serpin, üzerine nar ve maydanoz taneleri serpin ve pide cipsiyle birlikte atıştırmalık olarak servis yapın.

Besin değeri (100 g başına):133 kalori 9,7 gr yağ 6,4 gr karbonhidrat 5,4 gr protein 659 mg sodyum

Patlıcan sosu

Hazırlama süresi: 10 dakika.

Yemek zamanı: 40 dakika

Yemekler: 4

Zorluk seviyesi: Kolay

Malzemeler:

- 1 patlıcan çatalla doğranmış
- 2 yemek kaşığı tahin ezmesi
- 2 yemek kaşığı limon suyu
- 2 diş sarımsak, doğranmış
- 1 yemek kaşığı zeytinyağı
- Tatmak için tuz ve karabiber
- 1 yemek kaşığı kıyılmış maydanoz

Başlıklar:

Patlıcanı bir pişirme kabına yerleştirin, 400 derece F'de 40 dakika pişirin, soğutun, soyun ve bir mutfak robotuna aktarın. Maydanoz hariç kalan malzemeleri karıştırıp iyice ezin, küçük kaselere paylaştırın ve üzerine maydanoz ekleyerek meze olarak servis edin.

Besin değeri (100 g başına):121 kalori 4,3 gr yağ 1,4 gr karbonhidrat 4,3 gr protein 639 mg sodyum

Sebze böreği

Hazırlama süresi: 10 dakika.

Yemek zamanı: 10 dakika

Yemekler: 8

Zorluk seviyesi: Kolay

Malzemeler:

- 2 diş sarımsak, doğranmış
- 2 sarı soğan, doğranmış
- 4 doğranmış frenk soğanı
- 2 rendelenmiş havuç
- 2 çay kaşığı öğütülmüş kimyon
- ½ çay kaşığı zerdeçal tozu
- Tatmak için tuz ve karabiber
- ¼ çay kaşığı öğütülmüş kişniş
- 2 yemek kaşığı kıyılmış maydanoz
- ¼ çay kaşığı limon suyu
- ½ su bardağı badem unu
- 2 peso, soyulmuş ve rendelenmiş
- 2 çırpılmış yumurta
- ¼ bardak tapyoka unu
- 3 yemek kaşığı zeytinyağı

Başlıklar:

Sarımsağı soğan, frenk soğanı ve yağ hariç diğer malzemelerle bir kapta birleştirin, iyice karıştırın ve bu karışımdan orta büyüklükte köfteler yapın.

Tavayı orta ateşte ısıtın, börekleri ekleyin, her iki tarafını da 5'er dakika pişirin, tabağa dizin ve servis yapın.

Besin değeri (100 g başına):209 kalori 11,2 gr yağ 4,4 gr karbonhidrat 4,8 gr protein 726 mg sodyum

Bulgurlu kuzu köfte

Hazırlama süresi: 10 dakika.

Yemek zamanı: 15 dakika

Yemekler: 6

Zorluk seviyesi: Kolay

Malzemeler:

- 1 ve ½ su bardağı Yunan yoğurdu
- ½ çay kaşığı öğütülmüş kimyon
- 1 bardak salatalık, rendelenmiş
- ½ çay kaşığı kıyılmış sarımsak
- Bir tutam tuz ve karabiber.
- 1 su bardağı bulgur
- 2 bardak su
- 1 kiloluk kuzu, öğütülmüş
- ¼ bardak kıyılmış maydanoz
- ¼ bardak doğranmış arpacık soğanı
- ½ çay kaşığı yenibahar, öğütülmüş
- ½ çay kaşığı öğütülmüş tarçın
- 1 yemek kaşığı zeytinyağı

Başlıklar:

Bulguru suyla karıştırıp kabın kapağını kapatın, 10 dakika bekletin, süzün ve kaseye yerleştirin. Et, yoğurt ve yağ dışındaki diğer malzemeleri ekleyip iyice karıştırın ve bu karışımdan orta büyüklükte köfteler oluşturun. Tavayı orta ateşte ısıtın, köfteleri yerleştirin, her iki tarafını da 7'şer dakika pişirin, hepsini bir tabağa dizin ve meze olarak servis edin.

Besin değeri (100 g başına):300 kalori 9,6 gr yağ 22,6 gr karbonhidrat 6,6 gr protein 644 mg sodyum

Salatalık ısırıkları

Hazırlama süresi: 10 dakika.

Yemek zamanı: 0 dakika

Yemekler: 12

Zorluk seviyesi: Kolay

Malzemeler:

- 1 İngiliz salatalığı, 32 dilime kesilmiş
- 10 ons humus
- 16 adet kiraz domates, ikiye bölünmüş
- 1 yemek kaşığı kıyılmış maydanoz
- 1 ons beyaz peynir, ufalanmış

Başlıklar:

Her salatalığın üzerine humus sürün, her birine yarım domates bölün, üzerine peynir ve maydanoz serpin ve meze olarak servis yapın.

Besin değeri (100 g başına):162 kalori 3,4 gr yağ 6,4 gr karbonhidrat 2,4 gr protein 702 mg sodyum

Avokado dolması

Hazırlama süresi: 10 dakika.

Yemek zamanı: 0 dakika

Yemekler: 2

Zorluk seviyesi: Kolay

Malzemeler:

* 1 avokado, yarıya bölünmüş ve çekirdeği çıkarılmış
* 10 ons konserve ton balığı, süzülmüş
* 2 yemek kaşığı güneşte kurutulmuş domates, dilimlenmiş
* 1 ve ½ yemek kaşığı fesleğen pesto
* 2 yemek kaşığı siyah zeytin, çekirdekleri çıkarılmış ve dilimlenmiş
* Tatmak için tuz ve karabiber
* 2 çay kaşığı kavrulmuş ve doğranmış çam fıstığı
* 1 yemek kaşığı kıyılmış fesleğen

Başlıklar:

Ton balığını güneşte kurutulmuş domates ve avokado dışındaki diğer malzemelerle karıştırıp karıştırın. Avokado yarımlarını ton balığı karışımıyla doldurun ve meze olarak servis yapın.

Besin değeri (100 g başına):233 kalori 9 gr yağ 11,4 gr karbonhidrat 5,6 gr protein 735 mg sodyum

Sarılmış erik

Hazırlama süresi: 5 dakika.

Yemek zamanı: 0 dakika

Yemekler: 8

Zorluk seviyesi: Kolay

Malzemeler:

- 2 ons prosciutto, 16 parçaya bölünmüş
- 4 erik, dörde bölünmüş
- 1 yemek kaşığı doğranmış frenk soğanı
- Bir tutam ezilmiş kırmızı biber

Başlıklar:

Eriğin her çeyreğini bir dilim prosciutto'ya sarın, her şeyi bir tabağa koyun, üzerine frenk soğanı ve pul biber serpin ve servis yapın.

Besin değeri (100 g başına):30 kalori 1 gr yağ 4 gr karbonhidrat 2 gr protein 439 mg sodyum

Marine edilmiş beyaz peynir ve enginar

Hazırlanma zamanı: 10 dakika artı 4 saat hareketsizlik

Yemek zamanı: 10 dakika

Yemekler: 2

Zorluk seviyesi: Kolay

Malzemeler:

- 4 ons geleneksel Yunan beyaz peyniri, ½ inç küpler halinde kesilmiş
- 4 ons süzülmüş enginar kalbi, uzunlamasına dörde bölünmüş
- 1/3 su bardağı sızma zeytinyağı
- 1 limonun kabuğu rendesi ve suyu
- 2 yemek kaşığı iri kıyılmış taze biberiye
- 2 yemek kaşığı kıyılmış taze maydanoz
- ½ çay kaşığı karabiber

Başlıklar:

Beyaz peyniri ve enginar kalbini cam bir kasede karıştırın.

Zeytinyağı, limon kabuğu rendesi ve suyu, biberiye, maydanoz ve karabiberi ekleyin ve beyaz peyniri parçalamamaya dikkat ederek yavaşça karıştırın.

4 saat veya 4 güne kadar soğumaya bırakın. Servis yapmadan 30 dakika önce buzdolabından çıkarın.

Besin değeri (100 g başına):235 kalori 23 gr yağ 1 gr karbonhidrat 4 gr protein 714 mg sodyum

Ton balıklı kroket

Hazırlanma zamanı: 40 dakika artı gece boyunca soğutma saatleri

Yemek zamanı: 25 dakika

Yemekler: 36

Zorluk seviyesi: zor

Malzemeler:

- 6 yemek kaşığı sızma zeytinyağı artı 1 ila 2 bardak
- 5 yemek kaşığı badem unu ve 1 su bardağı bölünmüş
- 1¼ bardak ağır krema
- Zeytinyağında paketlenmiş 1 kutu (4 ons) sarı yüzgeçli ton balığı
- 1 yemek kaşığı doğranmış kırmızı soğan
- 2 çay kaşığı doğranmış kapari
- ½ çay kaşığı kurutulmuş dereotu
- ¼ çay kaşığı taze çekilmiş karabiber
- 2 büyük yumurta
- 1 bardak panko ekmek kırıntısı (veya glutensiz versiyonu)

Başlıklar:

6 yemek kaşığı zeytinyağını büyük bir tavada orta-düşük ateşte ısıtın. 5 yemek kaşığı badem unu ekleyin ve pürüzsüz bir macun oluşana ve un hafifçe kızarıncaya kadar sürekli karıştırarak 2 ila 3 dakika pişirin.

Orta-yüksek ısıyı seçin ve ağır kremayı yavaş yavaş ekleyin, sürekli olarak tamamen pürüzsüz ve kalın hale gelinceye kadar 4 ila 5 dakika daha çırpın. Ton balığı, kırmızı soğan, kapari, dereotu ve biberi çıkarıp ekleyin.

Karışımı zeytinyağıyla iyice kapladığınız ve oda sıcaklığında bıraktığınız 8 inçlik kare bir tavaya aktarın. Sarın ve 4 saat veya gece boyunca buzdolabında saklayın. Kroketleri oluşturmak için üç kaseyi hizalayın. Yumurtaları birer birer çırpın. Diğerinde kalan badem ununu ekleyin. Üçüncüye panko'yu ekleyin. Fırın tepsisini fırın kağıdıyla hizalayın.

Soğuk karıştırdığınız hamurdan birer yemek kaşığı unlu karışıma dökün ve üzerini kaplayacak şekilde yuvarlayın. Fazlalığını silkeleyip elinizle oval şekil verin.

Kroketi çırpılmış yumurtaya batırın, ardından hafifçe pankoyla kaplayın. Yağlanmış fırın tepsisine yerleştirin ve kalan hamurla aynı işlemi tekrarlayın.

Küçük bir tavada kalan 1 ila 2 bardak zeytinyağını orta-yüksek ateşte ısıtın.

Yağ ısınınca, tavanın büyüklüğüne göre kroketleri 3 veya 4'er adet kızartın, altın rengi olunca oluklu bir kaşıkla çıkarın. Yanıkları önlemek için zaman zaman yağ sıcaklığını ayarlamanız gerekecektir. Kırıntılar çok çabuk kararırsa sıcaklığı düşürün.

Besin değeri (100 g başına):245 kalori 22 gr yağ 1 gr karbonhidrat 6 gr protein 801 mg sodyum

Füme somon ezmesi

Hazırlama süresi: 10 dakika.

Yemek zamanı: 15 dakika

Yemekler: 4

Zorluk seviyesi: Kolay

Malzemeler:

- 6 ons yabani füme somon
- 2 yemek kaşığı kavrulmuş sarımsaklı aioli
- 1 yemek kaşığı Dijon hardalı
- 1 yemek kaşığı doğranmış Capesata, sadece yeşil kısımları
- 2 çay kaşığı doğranmış kapari
- ½ çay kaşığı kurutulmuş dereotu
- 4 adet hindiba veya marul kalbi
- ½ İngiliz salatalığı, ¼ inç kalınlığında dilimler halinde kesilmiş

Başlıklar:

Füme somonu daha büyük parçalara ayırın ve küçük bir kaseye koyun. Aioli, dijon, frenk soğanı, kapari ve dereotu ekleyin ve iyice karıştırın. Hindiba saplarını ve salatalık dilimlerini bir kaşık dolusu füme somon karışımıyla doldurun ve soğuğun tadını çıkarın.

Besin değeri (100 g başına):92 kalori 5 gr yağ 1 gr karbonhidrat 9 gr protein 714 mg sodyum

Narenciye ile marine edilmiş zeytin

Hazırlama süresi: 4 saat.

Yemek zamanı: 0 dakika

Yemekler: 2

Zorluk seviyesi: Kolay

Malzemeler:

- 2 su bardağı çekirdekleri çıkarılmış karışık yeşil zeytin
- ¼ bardak kırmızı şarap sirkesi
- ¼ bardak sızma zeytinyağı
- 4 diş sarımsak, ince doğranmış
- 1 büyük portakalın kabuğu rendesi ve suyu
- 1 çay kaşığı kırmızı biber
- 2 adet defne yaprağı
- ½ çay kaşığı öğütülmüş kimyon
- ½ çay kaşığı öğütülmüş yenibahar

Başlıklar:

Zeytin, sirke, yağ, sarımsak, portakal kabuğu ve suyu, pul biber, defne yaprağı, kimyon ve yenibaharı ekleyip iyice karıştırın.

Zeytinleri marine etmek için üzerini örtün ve 4 saat veya bir haftaya kadar buzdolabında saklayın, servis yapmadan önce tekrar fırlatın.

Besin değeri (100 g başına):133 kalori 14 gr yağ 2 gr karbonhidrat 1 gr protein 714 mg sodyum

Hamsili zeytin ezmesi

Hazırlanma zamanı: 1 saat 10 dakika

Yemek zamanı: 0 dakika

Yemekler: 2

Zorluk seviyesi: orta

Malzemeler:

- 2 su bardağı çekirdeksiz Kalamata veya diğer siyah zeytin
- 2 adet doğranmış hamsi filetosu
- 2 çay kaşığı doğranmış kapari
- 1 diş ince kıyılmış sarımsak
- 1 haşlanmış yumurta sarısı
- 1 çay kaşığı Dijon hardalı
- ¼ bardak sızma zeytinyağı
- Servis için tohumlu krakerler, yuvarlak çok yönlü atıştırmalıklar veya sebzeler (isteğe bağlı)

Başlıklar:

Zeytinleri soğuk suyla yıkayıp iyice süzün. Süzülmüş zeytinleri, hamsiyi, kapariyi, sarımsağı, yumurta sarısını ve Dijon'u bir mutfak robotuna, blendere veya büyük sürahiye (eğer daldırma blenderi kullanılıyorsa) yerleştirin. Kalın bir macun oluşuncaya kadar işleyin. Koşarken yavaş yavaş zeytinyağı ekleyin.

Küçük bir kaseye koyun, üzerini örtün ve lezzetin gelişmesi için en az 1 saat buzdolabında bekletin. Çekirdeksiz krakerlerle, çok yönlü yuvarlak bir atıştırmalıkla veya en sevdiğiniz çıtır sebzelerle servis yapın.

Besin değeri (100 g başına):179 kalori 19 gr yağ 2 gr karbonhidrat 2 gr protein 82 mg sodyum

Yunan acılı yumurta

Hazırlama süresi: 45 dakika.

Yemek zamanı: 15 dakika

Yemekler: 4

Zorluk seviyesi: Kolay

Malzemeler:

- 4 büyük haşlanmış yumurta
- 2 yemek kaşığı kavrulmuş sarımsaklı aioli
- ½ su bardağı ince ufalanmış beyaz peynir
- 8 adet çekirdekleri çıkarılmış Kalamata zeytini, ince doğranmış
- 2 yemek kaşığı doğranmış güneşte kurutulmuş domates
- 1 yemek kaşığı doğranmış kırmızı soğan
- ½ çay kaşığı kurutulmuş dereotu
- ¼ çay kaşığı taze çekilmiş karabiber

Başlıklar:

Haşlanmış yumurtaları uzunlamasına ikiye bölün, sarılarını çıkarın ve orta boy bir kaseye koyun. Yumurta beyazının yarısını ayırın ve bir kenara koyun. Sarıları bir çatalla iyice çırpın. Aioli, beyaz peynir, zeytin, güneşte kurutulmuş domates, soğan, dereotu ve biberi ekleyip pürüzsüz ve kremsi bir kıvama gelinceye kadar karıştırın.

Dolguyu her yumurta beyazının yarısına dökün ve üstü kapalı olarak 30 dakika veya 24 saate kadar buzdolabında saklayın.

Besin değeri (100 g başına):147 kalori 11 gr yağ 6 gr karbonhidrat 9 gr protein 736 mg sodyum

Manchegas kurabiyeleri

Hazırlanma zamanı: 1 saat 15 dakika

Yemek zamanı: 15 dakika

Yemekler: 20

Zorluk seviyesi: zor

Malzemeler:

- 4 yemek kaşığı tereyağı, oda sıcaklığında
- 1 su bardağı ince rendelenmiş Manchego peyniri
- 1 su bardağı badem unu
- 1 çay kaşığı tuz, bölünmüş
- ¼ çay kaşığı taze çekilmiş karabiber
- 1 büyük yumurta

Başlıklar:

Tereyağını ve rendelenmiş peyniri elektrikli bir karıştırıcıyla iyice birleşip pürüzsüz hale gelinceye kadar çırpın. Badem ununu ½ çay kaşığı tuz ve karabiberle birlikte ekleyin. Badem unu karışımını yavaş yavaş peynire ekleyin ve hamur bir top haline gelinceye kadar sürekli karıştırın.

Bir parça parşömen veya plastik ambalajı yerleştirin ve yaklaşık 1½ inçlik bir kütüğe yuvarlayın. Sıkıca kapatın ve ardından en az 1 saat dondurun. Fırını önceden 350° F'ye ısıtın. 2. fırın tepsisini parşömen kağıdı veya silikon fırın altlıkları ile sıralayın.

Yumurta tozunu hazırlamak için yumurtayı ve kalan ½ çay kaşığı tuzu karıştırın. Soğutulmuş hamuru yaklaşık ¼ inç kalınlığında küçük dilimler halinde kesin ve fırın tepsisine yerleştirin.

Kurabiyelerin üstlerini yumurta sarısı ile yağlayın ve kurabiyeler altın kahverengi ve gevrek oluncaya kadar pişirin. Soğutma rafına yerleştirin.

Sıcak servis yapın veya tamamen soğuduktan sonra hava geçirmez bir kapta buzdolabında 1 haftaya kadar saklayın.

Besin değeri (100 g başına):243 kalori 23 gr yağ 1 gr karbonhidrat 8 gr protein 804 mg sodyum

Burrata Caprese Yığını

Hazırlama süresi: 5 dakika.

Yemek zamanı: 0 dakika

Yemekler: 4

Zorluk seviyesi: Kolay

Malzemeler:

- 1 büyük organik domates, tercihen aile yadigarı
- ½ çay kaşığı tuz
- ¼ çay kaşığı taze çekilmiş karabiber
- 1 top (4 ons) burrata peyniri
- 8 adet taze fesleğen yaprağı, ince dilimlenmiş
- 2 yemek kaşığı sızma zeytinyağı
- 1 yemek kaşığı kırmızı şarap veya balzamik sirke

Başlıklar:

Domatesi 4 kalın dilime kesin, sert çekirdeğini çıkarın ve üzerine tuz ve karabiber serpin. Domatesleri baharatlı tarafı yukarı bakacak şekilde bir tabağa koyun. Ayrı bir kenarlı tabakta burrata'yı 4 kalın dilime kesin ve her domates diliminin üzerine bir dilim yerleştirin. Her birine fesleğenin dörtte birini serpin ve kenarlı tabaktan ayırdığınız burrata kremasını üstüne serpin.

Üzerine zeytinyağı ve sirke gezdirip çatal ve bıçakla servis yapın.

Besin değeri (100 g başına):153 kalori 13 gr yağ 1 gr karbonhidrat 7 gr protein 633 mg sodyum

Limon sarımsaklı Aioli ile kabak ve ricotta börek

Hazırlanma zamanı: 10 dakika artı 20 dakika dinlenme

Yemek zamanı: 25 dakika

Yemekler: 4

Zorluk seviyesi: zor

Malzemeler:

- 1 büyük veya 2 küçük/orta boy şişe
- 1 çay kaşığı tuz, bölünmüş
- ½ bardak tam yağlı ricotta peyniri
- 2 frenk soğanı
- 1 büyük yumurta
- 2 diş sarımsak, ince doğranmış
- 2 yemek kaşığı kıyılmış taze nane (isteğe bağlı)
- 2 çay kaşığı limon kabuğu
- ¼ çay kaşığı taze çekilmiş karabiber
- ½ su bardağı badem unu
- 1 çay kaşığı kabartma tozu
- 8 yemek kaşığı sızma zeytinyağı
- 8 yemek kaşığı kavrulmuş sarımsaklı aioli veya avokado yağı ile mayonez

Başlıklar:

Rendelenmiş kabakları bir kevgir içine veya birkaç kat kağıt havlu üzerine koyun. Yarım çay kaşığı tuz serpin ve 10 dakika bekletin. Başka bir kağıt havlu tabakası kullanarak, fazla nemi serbest bırakmak için kabakları bastırın ve kurulayın. Süzülmüş kabak, ricotta peyniri, kırmızı biber, yumurta, sarımsak, nane (kullanılıyorsa), limon kabuğu rendesi, kalan ½ çay kaşığı tuz ve karabiberi karıştırın.

Badem unu ve kabartma tozunu köpürene kadar karıştırın. Un karışımını kabak karışımına karıştırın ve 10 dakika bekletin. Börekleri geniş bir tavada dört seferde kızartın. Her dörtlü set için 2 yemek kaşığı zeytinyağını orta-yüksek ateşte ısıtın. 2 ila 3 inçlik börekler oluşturmak için bir kaşığın arkasıyla bastırarak, kızartma başına 1 yığın çorba kaşığı kabak hamuru ekleyin. Çevirmeden önce kapağını kapatın ve 2 dakika kadar kavurun. Kapağı kapatın ve 2 ila 3 dakika daha veya gevrek, altın rengi ve tamamen pişene kadar kızartın. Yanmayı önlemek için ısıyı orta dereceye düşürmeniz gerekebilir. Tavadan alıp sıcak tutun.

Her parti için 2 yemek kaşığı zeytinyağı kullanarak kalan üç parti için aynı işlemi tekrarlayın. Börekleri aioli ile sıcak olarak servis edin.

Besin değeri (100 g başına):448 kalori 42 gr yağ 2 gr karbonhidrat 8 gr protein 744 mg sodyum

Somonlu salatalık dolması

Hazırlama süresi: 10 dakika.

Yemek zamanı: 0 dakika

Yemekler: 4

Zorluk seviyesi: Kolay

Malzemeler:

- 2 büyük salatalık, soyulmuş
- 1 kutu (4 ons) somon balığı
- 1 orta boy çok olgun avokado
- 1 yemek kaşığı sızma zeytinyağı
- 1 limonun kabuğu rendesi ve suyu
- 3 yemek kaşığı doğranmış taze kişniş
- ½ çay kaşığı tuz
- ¼ çay kaşığı taze çekilmiş karabiber

Başlıklar:

Salatalığı 1 cm kalınlığında dilimler halinde kesin ve bir kaşık kullanarak her dilimin ortasındaki çekirdekleri kazıyın ve bir tabağa yerleştirin. Orta boy bir kapta somonu, avokadoyu, zeytinyağını, limon kabuğu rendesini ve suyunu, kişnişi, tuzu ve karabiberi birleştirin ve krema kıvamına gelinceye kadar karıştırın.

Somon karışımını her salatalık diliminin ortasına yerleştirin ve soğuk olarak servis yapın.

Besin değeri (100 g başına):159 kalori 11 gr yağ 3 gr karbonhidrat 9 gr protein 739 mg sodyum

Keçi peyniri ve uskumru ezmesi

Hazırlama süresi: 10 dakika.

Yemek zamanı: 0 dakika

Yemekler: 4

Zorluk seviyesi: Kolay

Malzemeler:

- Zeytinyağında paketlenmiş 4 ons yabani uskumru
- 2 ons keçi peyniri
- 1 limonun kabuğu rendesi ve suyu
- 2 yemek kaşığı kıyılmış taze maydanoz
- 2 yemek kaşığı doğranmış taze roka
- 1 yemek kaşığı sızma zeytinyağı
- 2 çay kaşığı doğranmış kapari
- 1 ila 2 çay kaşığı taze yaban turpu (isteğe bağlı)
- Servis için kraker, salatalık dilimleri, hindiba veya kereviz (isteğe bağlı)

Başlıklar:

Bir mutfak robotu, blender veya daldırma blenderli büyük bir kapta uskumru, keçi peyniri, limon kabuğu rendesi ve meyve suyu, maydanoz, roka, zeytinyağı, kapari ve yaban turpunu (kullanılıyorsa) birleştirin. Pürüzsüz ve kremsi olana kadar işleyin veya karıştırın.

Kraker, salatalık dilimleri, hindiba veya kereviz ile servis yapın. 1 haftaya kadar kapatın, örtün ve soğutun.

Besin değeri (100 g başına):118 kalori 8 gr yağ 6 gr karbonhidrat 9 gr protein 639 mg sodyum

Akdeniz yağ bombalarının tadı

Hazırlanma zamanı: 4 saat 15 dakika

Yemek zamanı: 0 dakika

Yemekler: 6

Zorluk seviyesi: orta

Malzemeler:

- 1 su bardağı ufalanmış keçi peyniri
- Kavanozda 4 yemek kaşığı pesto
- 12 adet çekirdekleri çıkarılmış Kalamata zeytini, ince doğranmış
- ½ su bardağı ince kıyılmış ceviz
- 1 yemek kaşığı doğranmış taze biberiye

Başlıklar:

Orta boy bir kapta keçi peyniri, pesto ve zeytinleri çırpın ve çatalla iyice karıştırın. Ayarlamak için 4 saat dondurun.

Ellerinizi kullanarak karışımı yaklaşık ¾ inç çapında 6 top haline getirin. Karışım yapışkan olacaktır.

Cevizleri ve biberiyeyi küçük bir kaseye koyun ve keçi peyniri toplarını ceviz karışımında kaplayacak şekilde yuvarlayın. Yağ bombalarını buzdolabında 1 haftaya kadar veya dondurucuda 1 aya kadar saklayın.

Besin değeri (100 g başına):166 kalori 15 gr yağ 1 gr karbonhidrat 5 gr protein 736 mg sodyum

Avokado gazpacho

Hazırlama süresi: 15 dakika.

Yemek zamanı: 10 dakika

Yemekler: 4

Zorluk seviyesi: Kolay

Malzemeler:

- 2 su bardağı doğranmış domates
- 2 büyük olgun avokado, yarıya bölünmüş ve çekirdekleri çıkarılmış
- 1 büyük salatalık, soyulmuş ve çekirdeği çıkarılmış
- 1 orta boy biber (kırmızı, turuncu veya sarı), doğranmış
- 1 bardak sade tam yağlı süt Yunan yoğurdu
- ¼ bardak sızma zeytinyağı
- ¼ bardak doğranmış taze kişniş
- ¼ bardak doğranmış Capesto, yalnızca yeşil kısmı
- 2 yemek kaşığı kırmızı şarap sirkesi
- 2 limon veya 1 limonun suyu
- ½ ila 1 çay kaşığı tuz
- ¼ çay kaşığı taze çekilmiş karabiber

Başlıklar:

Bir daldırma blenderi kullanarak domates, avokado, salatalık, biber, yoğurt, zeytinyağı, kişniş, taze soğan, sirke ve limon suyunu birleştirin. Pürüzsüz olana kadar karıştır.

Tatları birleştirmek için baharatlayın ve karıştırın. Soğuk servis yapın.

Besin değeri (100 g başına):392 kalori 32 gr yağ 9 gr karbonhidrat 6 gr protein 694 mg sodyum

Yengeç Kek Salatası Bardakları

Hazırlama süresi: 35 dakika.

Yemek zamanı: 20 dakika

Yemekler: 4

Zorluk seviyesi: orta

Malzemeler:

- 1 kiloluk dev yengeç
- 1 büyük yumurta
- 6 yemek kaşığı kavrulmuş sarımsaklı aioli
- 2 yemek kaşığı Dijon hardalı
- ½ su bardağı badem unu
- ¼ bardak doğranmış kırmızı soğan
- 2 çay kaşığı füme kırmızı biber
- 1 çay kaşığı kereviz tuzu
- 1 çay kaşığı sarımsak tozu
- 1 çay kaşığı kurutulmuş dereotu (isteğe bağlı)
- ½ çay kaşığı taze çekilmiş karabiber
- ¼ bardak sızma zeytinyağı
- 4 büyük, kemiksiz Bibb marul yaprağı

Başlıklar:

Yengeç etini geniş bir kaseye koyun ve görünür kabukları çıkarın, ardından eti bir çatalla parçalayın. Küçük bir kapta yumurtayı, 2 yemek kaşığı aioli'yi ve Dijon hardalını birlikte çırpın. Yengeç etine ekleyin ve bir çatalla karıştırın. Badem unu, kırmızı soğan, kırmızı biber, kereviz tuzu, sarımsak tozu, dereotu (varsa) ve karabiberi ekleyip iyice karıştırın. Oda sıcaklığında 10 ila 15 dakika bekletin.

Yaklaşık 2 cm çapında 8 küçük kek oluşturun. Zeytinyağını orta-yüksek ateşte pişirin. Hamuru altın kahverengi olana kadar, her iki tarafta 2 ila 3 dakika pişirin. Sarın, ısıyı en aza indirin ve 6 ila 8 dakika daha veya ortasına yerleşene kadar pişirin. Tavadan çıkarın.

Servis yapmak için, her marul yaprağına 2 küçük yengeç bacağını sarın ve üzerine 1 çorba kaşığı aioli gezdirin.

Besin değeri (100 g başına):344 kalori 24 gr yağ 2 gr karbonhidrat 24 gr protein 804 mg sodyum

Portakallı tarhunlu tavuk salatası sarma

Hazırlama süresi: 15 dakika.

Yemek zamanı: 0 dakika

Yemekler: 4

Zorluk seviyesi: Kolay

Malzemeler:

- ½ bardak sade tam yağlı süt Yunan yoğurdu
- 2 yemek kaşığı Dijon hardalı
- 2 yemek kaşığı sızma zeytinyağı
- 2 yemek kaşığı taze tarhun
- ½ çay kaşığı tuz
- ¼ çay kaşığı taze çekilmiş karabiber
- 2 su bardağı pişmiş kıyılmış tavuk
- ½ su bardağı kıyılmış badem
- 4 ila 8 büyük Bibb marul yaprağı, sert sapları çıkarılmış
- 2 küçük olgun avokado, soyulmuş ve ince dilimlenmiş
- 1 clementine veya ½ küçük portakal kabuğu rendesi (yaklaşık 1 yemek kaşığı)

Başlıklar:

Orta boy bir kapta yoğurt, hardal, zeytinyağı, tarhun, portakal kabuğu rendesi, tuz ve karabiberi krema kıvamına gelinceye kadar çırpın. Dilimlenmiş tavuk ve bademleri ekleyip karıştırın.

Sarmaları birleştirmek için, her marul yaprağının ortasına yaklaşık ½ fincan tavuklu salata karışımını koyun ve üzerine avokado dilimlerini ekleyin.

Besin değeri (100 g başına):440 kalori 32 gr yağ 8 gr karbonhidrat 26 gr protein 607 mg sodyum

Beyaz peynir ve kinoa ile doldurulmuş mantarlar

Hazırlama süresi: 5 dakika.

Yemek zamanı: 8 dakika

Yemekler: 6

Zorluk seviyesi: orta

Malzemeler:

- 2 yemek kaşığı ince doğranmış kırmızı biber
- 1 diş sarımsak, kıyılmış
- ¼ bardak pişmiş kinoa
- 1/8 çay kaşığı tuz
- ¼ çay kaşığı kurutulmuş kekik
- 24 mantar, sapsız
- 2 ons ufalanmış beyaz peynir
- 3 yemek kaşığı tam tahıllı ekmek kırıntısı
- Pişirme spreyinde zeytinyağı

Başlıklar:

Fritözü önceden 360° F'ye ısıtın. Küçük bir kapta kırmızı biber, sarımsak, kinoa, tuz ve kekiği birleştirin. Kinoa dolgusunu mantar kapaklarının içine dolana kadar dökün. Her mantarın üstüne küçük bir parça beyaz peynir ekleyin. Her mantardaki beyaz peynirin üzerine bir tutam galeta unu serpin.

Fritöz sepetini pişirme spreyi ile kaplayın, ardından mantarları birbirlerine değmemelerine dikkat ederek yavaşça sepete yerleştirin.

Sepeti fritöze yerleştirin ve 8 dakika pişirin. Fritözden çıkarıp servis yapın.

Besin değeri (100 g başına):97 kalori 4 gr yağ 11 gr karbonhidrat 7 gr protein 677 mg sodyum

Sarımsak ve yoğurt soslu beş malzemeli falafel

Hazırlama süresi: 5 dakika.

Yemek zamanı: 15 dakika

Yemekler: 4

Zorluk seviyesi: zor

Malzemeler:

- <u>Falafel için</u>
- 1 kutu (15 ons) nohut, süzülmüş ve yıkanmış
- ½ bardak taze maydanoz
- 2 diş sarımsak, doğranmış
- ½ yemek kaşığı öğütülmüş kimyon
- 1 yemek kaşığı tam buğday unu
- Tuz
- <u>Sarımsak ve yoğurt sosu için</u>
- 1 bardak sade yağsız Yunan yoğurdu
- 1 diş sarımsak, kıyılmış
- 1 yemek kaşığı doğranmış taze dereotu
- 2 yemek kaşığı limon suyu

Başlıklar:

Falafel yapmak için

Fritözü önceden 360° F'ye ısıtın. Nohutları bir mutfak robotuna yerleştirin. Neredeyse doğranana kadar bekletin, ardından maydanozu, sarımsağı ve kimyonu ekleyip malzemeler hamur haline gelinceye kadar birkaç dakika daha karıştırın.

Unu ekleyin. Birleşene kadar birkaç kez daha göz kırpın. Hamurun dokusu olacak ancak nohutların küçük parçalar halinde ezilmesi gerekiyor. Temiz eller kullanarak hamuru 8 eşit top halinde yuvarlayın, ardından topları biraz aşağıya doğru vurarak yarım kalınlıkta levhalar haline getirin.

Fritöz sepetini pişirme spreyi ile kaplayın, ardından falafel burgerleri birbirine değmemesine dikkat ederek tek kat halinde sepete yerleştirin. Fritözde 15 dakika kadar kızartın.

Sarımsak ve yoğurtla sos hazırlamak için

Yoğurt, sarımsak, dereotu ve limon suyunu karıştırın. Falafel pişmeye hazır olduğunda ve her tarafı güzelce kızardığında, fritözden çıkarın ve tuzla tatlandırın. Yanında sosla birlikte sıcak servis yapın.

Besin değeri (100 g başına):151 kalori 2 gr yağ 10 gr karbonhidrat 12 gr protein 698 mg sodyum

Sarımsaklı zeytinyağlı limonlu karides

Hazırlama süresi: 5 dakika

Yemek zamanı: 6 dakika

Yemekler: 4

Zorluk seviyesi: orta

Malzemeler:

- 1 pound orta boy karides, temizlenmiş ve ayrılmış
- ¼ bardak artı 2 yemek kaşığı zeytinyağı, bölünmüş
- ½ limon suyu
- 3 diş sarımsak, doğranmış ve bölünmüş
- ½ çay kaşığı tuz
- ¼ çay kaşığı kırmızı biber
- Servis için limon dilimleri (isteğe bağlı)
- Daldırma için Marinara sosu (isteğe bağlı)

Başlıklar:

Fritözü önceden 380° F'ye ısıtın. 2 yemek kaşığı zeytinyağı, limon suyu, 1/3 kıyılmış sarımsak, tuz ve kırmızı pul biberle karidesleri ekleyin ve üzerini iyice kapatın.

Küçük bir ramekinde kalan ¼ bardak zeytinyağını ve kalan kıyılmış sarımsağı birleştirin. 12" x 12" boyutunda bir alüminyum folyo tabakasını yırtın. Karidesleri folyonun ortasına yerleştirin, sonra yanlarını yukarı katlayın ve üst kısmı açık bir folyo kasesi oluşturacak şekilde kenarlarını katlayın. Bu paketi fritöz sepetine yerleştirin.

Karidesleri 4 dakika ızgaralayın, ardından fritözü açın ve yağ ve sarımsakla birlikte ramekini karides paketinin yanındaki sepete yerleştirin. 2 dakika daha pişirin. Karidesleri, daldırma için yanında bir tava sarımsaklı zeytinyağı bulunan bir servis tabağına veya tepsiye aktarın. Arzu ederseniz limon dilimleri ve marinara sos ile de servis edebilirsiniz.

Besin değeri (100 g başına):264 kalori 21 gr yağ 10 gr karbonhidrat 16 gr protein 473 mg sodyum

Limonlu yoğurt soslu çıtır yeşil fasulye kızartması

Hazırlama süresi: 5 dakika.

Yemek zamanı: 5 dakika

Yemekler: 4

Zorluk seviyesi: orta

Malzemeler:

- <u>Yeşil fasulye için</u>
- 1 yumurta
- 2 yemek kaşığı su
- 1 yemek kaşığı tam buğday unu
- ¼ çay kaşığı kırmızı biber
- ½ çay kaşığı sarımsak tozu
- ½ çay kaşığı tuz
- ¼ bardak tam tahıllı ekmek kırıntısı
- ½ pound bütün yeşil fasulye
- <u>Limon ve yoğurt sosu için</u>
- ½ fincan sade yağsız Yunan yoğurdu
- 1 yemek kaşığı limon suyu
- ¼ çay kaşığı tuz
- 1/8 çay kaşığı acı biber

Adres:

Yeşil fasulye hazırlamak için

Fritözü 380°F'ye önceden ısıtın.

Orta, sığ bir kapta, yumurtayı ve suyu köpürene kadar çırpın. Başka bir orta sığ kapta un, kırmızı biber, sarımsak tozu ve tuzu birleştirin, ardından ekmek kırıntılarını karıştırın.

Fritözün altını pişirme spreyi ile kaplayın. Her bir yeşil fasulyeyi yumurta karışımına, ardından galeta unu karışımına batırın ve dış kısmına galeta unu serpin. Yeşil fasulyeleri fritöz sepetinin alt kısmına tek kat halinde yerleştirin.

Fritözde 5 dakika veya ekmek altın rengine dönene kadar kızartın.

Limon ve yoğurt sosunu hazırlamak için

Yoğurt, limon suyu, tuz ve kırmızı biberi karıştırın. Yeşil fasulye kızartmasını limonlu yoğurt sosla atıştırmalık veya meze olarak servis edin.

Besin değeri (100 g başına):88 kalori 2 gr yağ 10 gr karbonhidrat 7 gr protein 697 mg sodyum

Deniz tuzu ile ev yapımı pide cipsi

Hazırlama süresi: 2 dakika.

Yemek zamanı: 8 dakika

Yemekler: 2

Zorluk seviyesi: Kolay

Malzemeler:

- 2 tam buğdaylı turta
- 1 yemek kaşığı zeytinyağı
- ½ çay kaşığı koşer tuzu

Başlıklar

Fritözü önceden 360° F'ye ısıtın. Her pastayı 8 dilime bölün. Orta boy bir kapta, turta dilimlerini, zeytinyağını ve tuzu, dilimler kaplanana ve zeytinyağı ile tuz eşit şekilde dağıtılana kadar atın.

Pide dilimlerini fritöz sepetine eşit bir tabaka halinde yerleştirin ve 6 ila 8 dakika kızartın.

İstenirse ilave tuz ekleyin. Tek başına veya en sevdiğiniz sosla servis yapın.

Besin değeri (100 g başına):230 kalori 8 gr yağ 11 gr karbonhidrat 6 gr protein 810 mg sodyum

Fırında Spanakopita Sosu

Hazırlama süresi: 10 dakika.

Yemek zamanı: 15 dakika

Yemekler: 2

Zorluk seviyesi: orta

Malzemeler:

- Pişirme spreyinde zeytinyağı
- 3 yemek kaşığı zeytinyağı, bölünmüş
- 2 yemek kaşığı doğranmış beyaz soğan
- 2 diş sarımsak, doğranmış
- 4 su bardağı taze ıspanak
- 4 ons krem peynir, yumuşatılmış
- 4 ons beyaz peynir, bölünmüş
- 1 limon kabuğu rendesi ve
- ¼ çay kaşığı öğütülmüş hindistan cevizi
- 1 çay kaşığı kurutulmuş dereotu
- ½ çay kaşığı tuz
- Servis etmek için pide cipsi, havuç çubukları veya dilimlenmiş ekmek (isteğe bağlı)

Başlıklar:

Fritözü önceden 360° F'ye ısıtın. 6 inçlik tavanın içini pişirme spreyi ile kaplayın.

1 yemek kaşığı zeytinyağını büyük bir tavada orta ateşte ısıtın. Soğanı ekleyip 1 dakika pişirin. Sarımsakları ekleyip 1 dakika daha karıştırarak pişirin.

Isıyı düşürün ve ıspanağı ve suyu ekleyip karıştırın. Ispanaklar suyunu çekene kadar pişirin. Tavayı ocaktan alın. Orta boy bir kapta krem peyniri, 2 ons beyaz peyniri, kalan zeytinyağını, limon kabuğu rendesini, hindistan cevizini, dereotu ve tuzu birlikte çırpın. Kombine edilene kadar karıştırın.

Sebzeleri peynir tabanına ekleyin ve birleşene kadar karıştırın. Sos karışımını hazırlanan tavaya dökün ve üzerine kalan 2 ons beyaz peyniri serpin.

Sosu fritöz sepetine koyun ve 10 dakika veya tamamen sıcak ve kabarcıklı hale gelinceye kadar pişirin. Pide cipsi, havuç çubukları veya dilimlenmiş ekmek ile servis yapın.

Besin değeri (100 g başına):550 kalori 52 gr yağ 21 gr karbonhidrat 14 gr protein 723 mg sodyum

Kavrulmuş inci soğan sosu

Hazırlama süresi: 5 dakika.

Yemek zamanı: 12 dakika artı 1 saat bekleme süresi

Yemekler: 4

Zorluk seviyesi: orta

Malzemeler:

- 2 su bardağı soyulmuş arpacık soğan
- 3 diş sarımsak
- 3 yemek kaşığı zeytinyağı, bölünmüş
- ½ çay kaşığı tuz
- 1 bardak sade yağsız Yunan yoğurdu
- 1 yemek kaşığı limon suyu
- ¼ çay kaşığı karabiber
- 1/8 çay kaşığı kırmızı biber gevreği
- Servis için pide cipsi, sebze veya kızarmış ekmek (isteğe bağlı)

Başlıklar:

Fritözü önceden 360° F'ye ısıtın. Büyük bir kapta arpacık soğanları ve sarımsağı 2 yemek kaşığı zeytinyağıyla soğanlar iyice kaplanana kadar karıştırın.

Sarımsak ve soğan karışımını fritöz sepetine dökün ve 12 dakika kızartın. Sarımsak ve soğanı mutfak robotuna yerleştirin. Soğan doğranana ama hâlâ bazı parçalar kalana kadar sebzeleri birkaç kez çekin.

Sarımsak ve soğanı, kalan yemek kaşığı zeytinyağını, tuzu, yoğurdu, limon suyunu, karabiberi ve pul biberi ekleyin. Pide cipsi, sebze veya kızarmış ekmekle servis etmeden önce 1 saat soğutun.

Besin değeri (100 g başına):150 kalori 10 gr yağ 6 gr karbonhidrat 7 gr protein 693 mg sodyum

Kırmızı biberli Tapenade

Hazırlama süresi: 5 dakika.

Yemek zamanı: 5 dakika

Yemekler: 4

Zorluk seviyesi: orta

Malzemeler:

- 1 büyük kırmızı biber
- 2 yemek kaşığı artı 1 çay kaşığı zeytinyağı
- ½ bardak Kalamata zeytini, çekirdekleri çıkarılmış ve dilimlenmiş
- 1 diş sarımsak, kıyılmış
- ½ çay kaşığı kurutulmuş kekik
- 1 yemek kaşığı limon suyu

Başlıklar:

Fritözü önceden 380° F'ye ısıtın. Bütün kırmızı biberin dış kısmını 1 çay kaşığı zeytinyağıyla fırçalayın ve fritöz sepetine yerleştirin. 5 dakika kızartın. Bu arada orta boy bir kapta kalan 2 yemek kaşığı zeytinyağını zeytin, sarımsak, kekik ve limon suyuyla karıştırın.

Kırmızı biberi fritözden çıkarın, ardından sapını yavaşça kesin ve çekirdeklerini çıkarın. Közlenmiş biberi küçük parçalar halinde doğrayın.

Kırmızı biberi zeytin karışımına ekleyin ve birleşene kadar karıştırın. Pide cipsi, kraker veya çıtır ekmek ile servis yapın.

Besin değeri (100 g başına):104 kalori 10 gr yağ 9 gr karbonhidrat 1 gr protein 644 mg sodyum

Zeytinli ve beyaz peynirli Yunan patates kabuğu

Hazırlama süresi: 5 dakika.

Yemek zamanı: 45 dakika

Yemekler: 4

Zorluk seviyesi: zor

Malzemeler:

- 2 adet kırmızı-kahverengi patates
- 3 yemek kaşığı zeytinyağı
- 1 çay kaşığı koşer tuzu, bölünmüş
- ¼ çay kaşığı karabiber
- 2 yemek kaşığı taze kişniş
- ¼ bardak doğranmış Kalamata zeytini
- ¼ su bardağı ufalanmış beyaz peynir
- Garnitür için doğranmış taze maydanoz (isteğe bağlı)

Başlıklar:

Fritözü önceden 380° F'ye ısıtın. Bir çatalla patateslere 2 ila 3 delik açın, ardından yaklaşık ½ yemek kaşığı zeytinyağı ve ½ çay kaşığı tuzla üzerlerini fırçalayın.

Patatesleri fritöz sepetine koyun ve 30 dakika pişirin. Patatesleri fritözden çıkarıp ikiye bölün. Patateslerin etini bir kaşıkla kazıyın, kabuğun içinde yarım inçlik bir patates tabakası bırakın ve bir kenara koyun.

Orta boy bir kapta yarım patatesleri kalan 2 yemek kaşığı zeytinyağı, ½ çay kaşığı tuz, karabiber ve kişnişle karıştırın. İyice birleşene kadar karıştırın. Patates dolgusunu artık boş olan patates kabuklarının arasına bölün ve üzerlerine eşit şekilde dağıtın. Her patatese bir kaşık dolusu zeytin ve beyaz peynir serpin.

Yüklenen patates kabuklarını tekrar fritöze yerleştirin ve 15 dakika pişirin. İstenirse ilave doğranmış kişniş veya maydanoz ve bir çiseleyen zeytinyağı ile servis yapın.

Besin değeri (100 g başına):270 kalori 13 gr yağ 34 gr karbonhidrat 5 gr protein 672 mg sodyum

Enginarlı ve zeytinli gözleme

Hazırlama süresi: 5 dakika.

Yemek zamanı: 10 dakika

Yemekler: 4

Zorluk seviyesi: Kolay

Malzemeler:

- 2 tam buğdaylı turta
- 2 yemek kaşığı zeytinyağı, bölünmüş
- 2 diş sarımsak, doğranmış
- ¼ çay kaşığı tuz
- ½ su bardağı dilimlenmiş konserve enginar kalbi
- ¼ bardak Kalamata zeytini
- ¼ bardak rendelenmiş Parmesan
- ¼ su bardağı ufalanmış beyaz peynir
- Garnitür için doğranmış taze maydanoz (isteğe bağlı)

Başlıklar:

Fritözü önceden 380° F'ye ısıtın. Her köfteyi 1 çorba kaşığı zeytinyağıyla fırçalayın, ardından üzerine doğranmış sarımsak ve tuz serpin.

Enginar kalbini, zeytinleri ve peyniri iki tartın arasına eşit şekilde paylaştırın ve her ikisini de fritöze koyarak 10 dakika pişirin. Servis yapmadan önce turtaları çıkarın ve 4 parçaya bölün. İstenirse maydanoz serpin.

Besin değeri (100 g başına):243 kalori 15 gr yağ 10 gr karbonhidrat 7 gr protein 644 mg sodyum